# 近代真宗教学 往生論の真髄

鍵主良敬
*Kaginushi Ryokei*

方丈堂出版
*Octave*

# 目次

## 総結――法蔵菩薩は如来蔵思想に非ず――　209

# まえがき

現に生きている身心一如の法蔵菩薩は、年齢にも、ことの善し悪しにも左右されない。それを承知のうえで、この論考を書く機会を与えられたことに思いを馳せると、ただ馬齢を重ねただけなのに、不思議な人生を賜った感を深くする。

そこで、はじめて「華厳教学」なるものに出遇った時の感触について述べる。大谷大学の三回生になり、専攻したのが仏教学の第三（華厳・唯識）講座であった。本寺の住職が「華厳」を学ぶことを薦めてくれた縁による。その主任教授が生涯の恩師となる、山田亮賢先生であった。先生の経歴については後でわかるのであるが、当時は知る由もなかった。住職の言は、「谷大で学んだ、佐々木月樵の華厳は面白かった」である。

「華厳」とは何ものなのか。全く理解を欠いていた。そのために、たいへんな目に遭うのであるが、これほど「面白いものはない」というのは誤りではなかった。今回、やっと辿りついた私の結論でもある。

ともあれゼミの演習が始まって、そのテキスト、賢首大師法蔵撰『華厳五教章』との本格的な出遇いが始まった。「華厳の五教」とは五教判のことであるが、直接読んだのは「義理分済」で教理についての学習である。それが大乗仏教の「真」の「宗」との出遇いになったのである。要するに「本もの」のもつ力だったのであろう。当時は気づかなかったのであるが、「真」の智力によって照らし出されたと思われるのは私の致命傷であった。その弱点が見事に見抜かれている感じだったのである。

今にして思うと、華厳の五教判の「始教」と「終教」の関係が、今回の曽我唯識解明の手がかりになるのであるが、それは夢にも予想できないことであった。つまり、大乗の「始教」とは単なる初歩的な程度の低い教理であるというくらいの理解しかなかった私にとっては、華厳の教理の深奥に当たる「義理」は手におえるものではなかった。ちなみに、自分身をもって感じたのは、それまでに一度も経験したことのなかった重圧感であった。自分の立っている場を突き崩されたのだと思う。ものの考え方が全く異なる正体不明な、ある何ものかが、私の本性をスカスカに見抜いて否定している。自分の誤魔化しが徹底的に知られてしまった恐怖感であった。

とは言っても、ただ何となく感じたことなので、本論で問うことになる「その場の空気を感ずる」という経験だったように思う。それにしても、その圧迫感は相当なものであった。全く未知の領域に属するものでありながら、ある種の存在感をもって襲ってくる。生《ナマ》の手応えのある重みであることは確かであった。

具体的には、ゼミの発表が当たって、黒板を背にしていろいろ調べたことを説明することになった。その時の状態は、何か言っているのであるが、すべてが空しい事柄であった。自分ではその内容が何もわかっていない。空々しいとはこのことかというような感じである。

その状態は四回生になっても同じであった。卒論を書かなければならないことになったが、何をどう書けばいいのか、まさに五里霧中なのである。たまりかねて恩師に救いを求めたところ、与えられたのは「菩提心」であった。六十巻『華厳経』の「初発心時　便成正覚」（「梵行品」、大正九　四四九c）のことである。すなわち、初発心こそが極めて重要であり、それが果としての正覚の成就を証明しているという意味である。ところがその深意は、当時の私にはどうしても理解できなかった。仕方なしにといえばそれまでであるが、わからないままにわかった振りをして書くしかなかった。結果は明白であった。

「菩提心」はそれ自体で広大無辺際である。無限の領域にまで展開して、とどまることを知らない。しかも誰でもそれを感知できる可能性のあることである。選ばれた者だけのことではない。ゆえに対象は「一切衆生」である。衆生とか群生の「生」の「真」の意味に気づくことさえできれば、「現に生きている」ということがそれ自体の自覚力を発揮して、その生の真髄をさとらせるのである。

ただしそれには、先述した空気のような捉え難い面もあるので簡単ではない。だからといって誰でもお手上げということではない。今回、奇しくもこの論考で確かめることになる曽我先生の発見してくださった法蔵菩薩が依り処となっていた。全くの行きづまり状態で、恐怖感と空しさに震えあがっていた私を、黙ってしっかり支え続けていたのである。ビクともしないその確かさには、寸時のゆるぎもなかった。「すでにして悲願います」（『教行信証』「化身土・本巻」、聖典三二六頁・三四七頁）の聖言が身に沁みる。

その悲願について、「悲願あり」ならわからないでもない。しかし、宗祖の言葉は「悲願います」とある。まるで「人間がいらっしゃいます」というように読める。どうなのかと尋ねられて愕然としたことがある。大悲の願心の当体が法蔵菩薩であるなら、言語化されただけの阿弥陀如来ではないであろう。生きている主体そのものが法蔵菩薩であり、その願力が現実に感じられるというのである。それらの諸点を勘案しながら、「真宗の往生論」について、諸々の善知識から教えられたところを述べることにする。

# 序論

## はじめに

別稿『親鸞教学』(大谷大学真宗学会編)第一〇九号(五五~七七頁)の、曇鸞の「無生の生」についての論考は、標題「曇鸞大師「無生の生」の誤謬説を嘆く」とする拙論である。小谷信千代氏(以後敬称略)の『真宗の往生論』(法藏館、二〇一五年、以後『真宗の』と略す)および『誤解された親鸞の往生論』(同、二〇一六年、以後『誤解』と略す)には、たとえば、

『浄土論』の往生を「無生の生」とした曇鸞の注釈は誤りである (『誤解』三〇頁)

と言い、

『論註』に世親的思想の欠如が予想されるとも言う。それに対する、中国仏教の立場からの反論であった。（『真宗の』六〇頁）

一応のことは書くことができたとは思っている。だが、読み返してみると、不充分なところが各処にあることに気がついた。反省の思いに切なるものがある。そこでこの稿では、足りない分を補うと共に、より新たな見解を示すことができれば、「曽我唯識」の真髄に迫ることができるかもしれないと思われた。その予想のもとで行うこの論究が、小谷の評に応えることになれば幸いである。

まず「易行品」の難行と易行についての考察から始める。そこではっきりさせなければならないのが、基本のところである。羅什の名訳として知られる『十住毘婆沙論』は『大智度論』を含んで「四論」とされる龍樹教学の中核をなしている。その教学を、

「現生不退」も「即得往生」も、般若経の説く空の教説を体得した、高度の修行を達成した菩薩によって、現生で証得される境地として説かれている。（『真宗の』九九頁）

と解するのが小谷である。

ところで、『十住毘婆沙論』は『十地経』の「初歓喜地」を龍樹が自由に解釈したもの

である。菩薩の実践道を説く『華厳経』の重要な箇処である。その主題は通常の「仏説」ではない。他の経は仏が説く経である。それに対して「仏を説く」菩薩が主人公である。その菩薩について、小谷は特別の能力を有する者と見る。しかし、「菩薩」の「薩」にあたる「sattva」は旧訳では「衆生」とされた。それを玄奘は「有情」と改訳した。その「sattva」について羅什は、

薩埵は深心に名づく。深く菩提を楽ふが故に名づけて菩提薩埵と為す。

（国訳一切経釈経論部七『十住毘婆沙論』「浄地品」第四、三八頁）

と言っている。深い楽いによって仏陀の「さとり」の内実である菩提を求める心、いわゆる「発菩提心」のあるものが「衆生」であるとの意になろう。それが菩薩であるならば、求められるのはその心を発す縁であり、特別な才能や能力ではない。

ちなみに、古田和弘がよく言っていたことがある。「羅什の訳が見事なのは漢語の意味を根元から理解して翻訳している点である」と彼は言う。一例を挙げれば、竺法護訳「正法華」を改めて、「妙法華」としたことである。なぜなら中国人は「正」と言われれば必ずそれに対する「邪」を連想する。したがって、そのような対立するもののない「妙」に

よって「法華」の意味を現したところに、その力量がただものでないことが示されていると言うのである。なるほどと感心して、古田の漢語を読む力の確かさを再認識した記憶がある。言われてみれば、「妙」には「不妙」などという否定語さえない。まして対立する語はないというところで、「有」と「無」の対立を超える龍樹の空思想を的確に伝えることができたのである。その名訳に魂を揺り動かされた人が僧肇である。それが福永説であったが、それに続く曇鸞もその一人であった。

この例は「如」についても同じである。如来の「如」は名詞ではないが、ただの助辞を用いて名詞の役をさせた。翻訳上の難問を解決する作用を成しとげている。もちろん「不如」などという用語はない。羅什を補佐した青年僧たちの力もあるであろうが、玄奘の新訳に劣らない評価を得ているのは、旧訳の羅什訳がいかに優れているかを証明している。

そこで疑問を述べる。龍樹および般若経は自力聖道門に立っているという小谷説である。そもそも、「経」や「論」が「自力」であったり「他力」であったりするというのはどういうことであろうか。般若経は自力の立場であり、浄土経典は他力のそれであると言う。しかし、「経」や「論」にそれ自体の動かない自性があるという説はおかしいと思う。対象を見るわれわれの立場に依るのではないか。その責を対象に負わせることなどできないはずである。浄土経典を自力の立場でしか見ていない人はいくらでもいる。また、般若経を他力の立場で見る人もいるであろう。一例を挙げれば、「真仏土巻」引用の「序分義」に言われる、

『大品経』の涅槃非化品の中に説きて云うがごとし。（後略）

（『教行信証』「真仏土巻」、聖典三一九頁）

は、善導も親鸞も、完全に他力の立場の引用である。『大品般若経』であるから自力の経典などと言えるものであろうか。

つまり、『智度論』を主として「四論の講説」を明らかにした龍樹は、空の本質を了解してのことであった。根本仏教以来、常に晒されていた「断見」、いわゆるただの虚無論を超える。と同時に「常見」すなわち抽象的な実体を想定する妄想からの脱却でもあった。四論の中心課題である「空観」には確かに難しい内容が含まれている。誰でも簡単にわかるというものではない。だからといって、誰にもわからないものでもない。その難問の解答は、別稿『親鸞教学』第一〇九号（六七～六八頁・六九～七〇頁・七六～七七頁）で紹介し

た梶山の『空の思想』に見事に活写されている。簡単に答えが見つかるとは言えないが、空の真意をわかる感性は誰にでもあると言えよう。「特別な能力がある者のためである」と偏狭に断言できるものではない。

親鸞で言えば、

本師龍樹菩薩は　智度十住毘婆沙等
つくりておおく西をほめ　すすめて念仏せしめたり
（『高僧和讃』、聖典四八九頁）

になる。難しいところは一時的にそのままにしておいて、現に生きている歩みのところで方向づけを西方浄土に定めたのである。それは一切衆生に対することであって、特別に選ばれた異能の持ち主を対象にしてはいない。小谷説はこの点でも仏教の根本的立場に反する意見となっているように思われる。

# 第一章　難行と易行のあいだ

小谷の曇鸞批判の趣旨は、浄土往生についての「生」を無生法忍の「生」とする龍樹の視点についての問いから始まっている。

曇鸞の「浄土に往生する者は、生即無生の理を知ってから往生するはずである」とする往生理解

（『誤解』五三頁）

と言うように、「無生の生」の深遠な道理がわからなければ、往生など成り立つはずもないということである。ところが、その深い道理を了解できる者は少ない。そこで大多数の理解できない者たちのために死後の浄土は説かれた。それが浄土経典であると言う。

龍樹の明らかにした般若思想は、現世で悟ることのできる能力に恵まれた者のための教えである。難行道と易行道という「易行品」の重要な問題提起の意味するところは、優れた力量のある難行に耐えられる者のための説である。それに対して、自分の力では難行を行ずることはできない多数の者たちのために易行が説かれたのである。ゆえに来世での救済を期待するのは当然ということになる。如来の本願力は易行としてわれわれを死後の浄土で助けるからであるとする小谷の考えは、次の所説でほぼ明らかになるだろう。

大乗の本流である『般若経』に説かれる思想は、大多数の人間にとって実行不可能な

難行道です。

般若経典の説く往生思想は、（中略）此土を彼岸へと転ずる能力のある優れた菩薩のための思想です。（中略）浄土経典の説く往生思想は、自己の力で彼岸（涅槃）を現世に見ることができない者のための思想です。（中略）来世に浄土で彼岸を見ることが期せられるのは、阿弥陀如来の本願力によってそれが達成されるからです。

（同前三六頁）

（同前三六～三七頁）

より補足的にこの説を敷衍すれば、現生で悟れるのは龍樹のような大菩薩であって、われわれとは比較にならない能力の持ち主である。したがって、凡愚である一般大衆にはその真似はできない。それほど偉大な人物が龍樹だということになる。

そうなると宗祖が七祖の第一に選んだ龍樹とは別人になる可能性が生ずることになる。つまり伝記によってよく知られているように、龍樹の青年時代は不良青年もいいところであった。悪事の限りを尽くしていたのである。その蛮行の最中に惨殺された友人を見て強烈なショックを受ける。仏道に出遇って、八宗の祖師と仰がれる業績を残したのは偶然とも言える縁によってのことである。

そこで確かめなければならなくなる鍵となるのは、「能力の劣った儜弱怯劣な衆生」（同前三七頁）とある点である。ここでの衆生は、何の意欲もないただ劣等感に怯えているだけの弱虫ということではないであろう。しかし、その状態に甘えきって、そこから抜け出そうとする積極性などどこにもない。だらだらと安逸をむさぼっている。それが凡夫であり、普通の人間であると小谷は言っているようにも思われる。だとすれば、驚くべき人間蔑視の可能性が生じてしまうのではないか。安直なユートピアを来世に期待するのが人間なのか。

汝が所説の如きは、是れ儜弱怯劣にして大心有ること無く是れ丈夫志幹の言に非ざるなり。（国訳一切経釈経論部七『十住毘婆沙論』「易行品」第九、七五頁）

との語は、甘えを許しているのではないであろう。

発願して仏道を求むることは、三千大千世界を挙ぐるよりも重し。（同前七六頁）

とも言われている。「本願力によって（中略）達成される」（『誤解』三七頁）という「如来の本願力」についての確認を迫られるのではないか。たとえばわれわれが単なる凡夫であるにしても、為すべきことはあるであろう。にもかかわらず、何ら為そうとしない。ただの無気力の中に閉じこもっているだけとするならば、前記した完全な甘えの弱虫ではないのか。その甘えを許すのが阿弥陀如来であるというのであろうか。「期待される」とは、だらしのない落ちこぼれ意識を優しく受け入れてくれる慰め役を阿弥陀如来に期待しているということなのか。

是れ乃ち怯弱下劣の言なり。是れ大人志幹の説に非ず。（同前「易行品」七六頁）

との問いかけが意味するところは深いであろう。ともすれば安易な方法で、自分に都合のいい状態を楽しみたい。そのことのみを希望してとどまるところを知らない。その凡愚根性の下劣さは、我がことながら目を背けたくなる卑劣さそのものではないか。その情けない状態を徹底的に叱咤激励しているのであって、いわゆる疑城胎宮のような甘えを認めているのではないと思う。

すでに小谷自身も言っている。

五法の困難さに心を怯ませる儜弱怯劣な行者に対して、かれを励ます意図を込めて語られた言葉である（中略）「仏の名を称すること有れば、即ち不退転を得る」という教説も、同様の激励の意図を以て説かれたものと理解すべきである。（『真宗の』九三頁）

まことにその通りであると私も賛同を惜しまない。重要な指摘がここでは端的に小谷によって表明されている。

そこで曇鸞の言うところを難行と易行の関係において論証しているところに注目する。特に自力と他力の視点を加えているところが重要である。まず難行道については、

いわく五濁の世、無仏の時において、阿毘跋致を求むるを難とす。（『教行信証』「行巻」、聖典一六七頁）

と言う。その難にもいろいろあるとして五種の難が示されるが、特に注目しなければならないのは第五の、

ただこれ自力にして他力の持つなし。（同前一六八頁）

であろう。自力と他力の対応が明確に示されている。この「他力」は自力に選んでのことであるが、無気力なだらしのなさに誤解されながらも、「能蔵創造の無限力」（『五劫の思惟を背景として』曽我量深選集（以後、選集と略す）巻三、三〇八頁）のところにまで展開する可能性を秘めてのことである。ゆえに両者の意味の内容がいまだに問われつつある大問題とかかわっているのである。

そこで一例を挙げれば、「かれ自身の内にある自力的な実践的態度でもある」(『真宗の』六二～六三頁)とする小谷への疑義である。曇鸞は自力に立って難易二道を注釈していると断定する。その論拠となっている藤堂説について確認すると、小谷の主張とは合致しない論述が見られるところである。

つまり藤堂が言っているのは、最後の一つである「唯是自力無他力」というのは、当時の仏教界内部にあって、行われていた実践的態度を伝えるものである。かかる事由に基づいて曇鸞は、時期と教法との不相応なることを指摘し、五濁の世・無仏の時と実感される此土において阿毘跋致を求め、これを体得することを難としている。

(『無量寿経論註の研究』一三一頁)

前者は、彼の生存した時代における仏教界内外の事情を伝えるものであり、そして曇鸞は、

このように此土入不退ということに困難性を見出した曇鸞は、入不退なる切なる願いの実現成就を、実践的態度の切りかえにおいて見出さんとして(中略)阿毘跋致に入る他力易行なる道を発見したのである。

(同前一三一～一三二頁)

と言っている。しかもその少し後の「三不三信」についての所論では、

この三不信において吾人は、曇鸞の生命にみちた信仰の息吹を感ずるとともに、いかに鋭るどい反省をみずからの内になげかけているかを容易に感じせしめるのである。

(同前一三四頁)

とその「実践的態度の純粋化」を高く評価している。当時の学界の実情と曇鸞とは違っている。ゆえに、その実情を実践的態度の切りかえにおいて見出さんとして不退の位を発見したと言っている。小谷の言っていることとは別になってしまうのではなかろうか。

したがって、藤堂説を根拠として、曇鸞は「自力的な実践的態度でもある」という小谷説は、古今稀にみる特異な仮説になる。また続いて、「自らの内にそういう自力的な実践的態度を見出さざるを得ない思い」(『真宗の』六三頁)と言うが、そのような自力的見方は、藤堂説を誤読した小谷の理知の分別にすぎない。曇鸞とは関係がないように思われた。

次の「易行道」については、

いわく、ただ信仏の因縁をもって浄土に生まれんと願ず。仏願力に乗じて、すなわちかの清浄の土に往生を得しむ。仏力住持して、すなわち大乗正定の聚に入る。正定は

すなわちこれ阿毘跋致なり。

（『教行信証』「行巻」、聖典一六八頁）

と言われている。ここでは『十住毘婆沙論』の「信方便の易行」が、「信方便」と「易行」に分けられている。しかも「信仏の因縁」とある点も見逃せない。「信仏」は「因縁法」である。ここからこの難問の突破口が開かれるかもしれない。たとえば労謙院善譲は「真宗論要」で以下のように言う。

故に易行の体は全く法体にして、これを領する信亦無作に顕れもてゆく易行なり。流出の称亦法体無作の徳の顕れもてゆく易行なり。真門の称名の如きは造作に繫念するが故に、法体の独立に著眼すること能はず。法体を殺すものなりと云へり。

（『仏教大辞彙』二八九二頁b）

「易行の体は全く法体」というのは、「法性法身」の「大行」を意味している。凡夫のかかわるところではない。ゆえに安易に虚妄分別した如来を予想して、それに助けを求めるなどという幼稚な話ではないのである。ゆえに弘願門の内容になる。そうすると真門の称名には「自力の計い」が入ってしまうために、法体そのものの独立性に気づくことができず、「法体を殺すものなり」ということになる。見事な解説だと言えよう。

ここで難易二道にちなんで、改めて自力と他力の関係について検討する。

近代的な往生理解は、空の証得による現世での往生行を説く般若思想では往生のかなわない者をも、本願力によって来世に浄土に往生せしめる思想として出現した浄土教本来の趣旨に沿うものではなく、かえって浄土教の他力の往生行を、般若経の自力の往生行に逆行させるものである。（『真宗の』二三七頁）

と言う。この文には小谷の言わんとする「往生」についての論旨が端的に示されている。「本願力」についても独特の観点を用いて自らの主張を述べている。

そこで違和感を覚える点について改めて指摘する。まず曇鸞は自力的であるとして、

上来、世親の往生行に対する自力的な厳しい姿勢を見てきたわれわれには、まったく奇妙なことに思われる（同前六三〜六四頁）

とも言う。その点についてここで確かめたいのは、

浄土経典の説く往生思想は、自己の力で彼岸（涅槃）を現世に見ることができない者のための思想です。（『誤解』三七頁）

という点である。「自己の力」とはどういう意味なのか。労謙院の言う「自力の計い」の

ことであるとすれば、

自力というは、わがみをたのみ、わがこころをたのむ、わがちからをはげみ、わがさまざまの善根をたのむひとなり。（『一念多念文意』、聖典五四一頁）

になる。この場合には、完全に自分勝手なエゴイストのことである。「自己の力」が混乱しているのではないか。もしくは前提としている常識的な思い込みによって、自力と他力の意味が顚倒し、安易に断定しているのではないか。『論註』の血のにじむような文章を、ただ文字面だけで見ている可能性はないであろうか。

参考までに易行院法海の『易行品講録』を見る。易行院は「諸行易行」と「弥陀易行」とに分けて釈し、弥陀易行については、次のように述べている。

信方便とは選択易行の本願を信ずること、他力の信心は往生浄土の無上方便なり。然れば是れ第十八願の三信に外ならず、その信心に方便の二字を冠するは是れを以って不退に至る無上の方便となすが故なり。而して其の十念は此の信より出ずる所の易行なるが故に、信方便の易行というと云えり。是れ信即方便、信方便之易行と見る義なり。（『仏教大辞彙』一八九二頁c）

要点を言えば、「選択易行の本願を信ずること」が「他力の信心」であり、その信心が「往生浄土の無上方便」なので「信方便」と言われるとの説である。すなわち、その「信心」は第十八願の「三信」（至心・信楽・欲生）のことである。その信心に「方便」の二字を付するのは、不退の位に至る「無上の方便」だからである。したがって、この願における「十念」の念仏は、弘願の信心より生じた易行であるから、「信方便の易行」と言われる。無上の方便としての信心は、「我一心」の信心である。「天親菩薩の自督の詞なり」（『教行信証』「行巻」、聖典一六八頁）と言われている。「我」と「一心」が一つになって「天親菩薩が自らをはげまされたことばである」（『解読浄土論註』巻上、一五頁）と訳されている。自らを叱咤激励されていることは一目瞭然であろう。その「一心」が「真実の信心」である。言うまでもないことである。自らを省察する目の確立である。「自己の力」が自らの確信を証明しているのである。それが「一心」である。

自覚自証する「我」が我が身の我である。その我がアートマン的我を批判し、反省するのである。自覚は無我の自証である。ゆえに、無意識的に自我を固定化して執着するその虚妄の我を否定的に知ることができる。そのはたらきが般若の智慧である。真智であり正智である。空観として観察された智慧がその智である。「信心の智慧」「智慧の念仏」の智である。『智度論』の智でもある。その智によって疑いようのない事実を因縁法として感得したのがブッダの正覚であり、諸仏諸菩薩の自覚であった。

唯識的に言えば、因縁は依他起性である。その事実がわからないと、「この世では悟ることのできない凡夫のために死後の浄土を説く」のが浄土経典の主題ということになる。

依他起性において遍計の遠離が、円成実性である

（武内紹晃『瑜伽行唯識学の研究』一〇七頁、百華苑）

という関係が了解されていないからである。その流動性そのものである転変の事実に暗いのである。いわば平板化された見方しかできないために死後の浄土を設定するしかなくなっているのである。

「法性法身」すなわち「法体」が円成実性である。因縁法である依他起性において、必ず固執する遍計の我に気づく。そこで遍計する妄執の虚偽から離れる。すると同時に円成実性が現れてくる。妄想分別から離れることと真実の顕現は同時的に成立しているというのである。

依他起性も因縁法であるために仮りのあり方でしか成り立っていない。にもかかわらず、絶えざる連続性を保持している。しかも縁起が「法」であることを自覚できるために、真なるものと偽なるものとを峻別できる。偽が雑染であり、真は清浄である。そこで依他起性の自性が清浄の方へ向かうというのは、染汚分である生死の現実に即して、清浄分である真実への転換が起こるからである。簡単には解明できない微妙な関係である。強いて言えば、煩悩である雑染分は捨てるが、生死は捨てないと言われている。

煩悩は第六意識の領域であり、生死は第八アラヤ識の領域という面もある。そこで雑染とのかかわりは、自ら選んで染汚に応ずるという自己意識の強烈な力量が示されてのことである。アラヤ識の主体性としての真の自己が自覚されたところでのことになる。自己がはっきりしないままで、汚れにかかわることなどありえない。この問題は分段生死が変易生死に転換するという菩薩の智慧の内的転換を示唆していることになる。

「四論の講説」には確かに難解なところがある。ゆえにそれをしばらく「さしおきて」、「本願他力をときたまい　具縛の凡衆をみちびきて　涅槃のかどにぞいらしめし」（『高僧和讃』、聖典四九一頁）となるのである。この「曇鸞和讃」の言うところは重要である。誰にでも直ちにわかるとはいえない問題は、当面そのままにしておいて、もっとも重視すべき中心点に目を向けたのである。それが「本願他力」である。人間誰しもが切に願ってやまない根源である。具縛の凡衆にとってはまさに想像を絶する異質なはたらきである。ゆえに「他力」と言われる。如来そのものの根本的力であるとすれば「仏力」でもある。いわゆる「願力」である。

しかもそれは「自力」に選んでの他力である。そこから言えば凡衆にすぎないわれわれが「自力の執心」から離れることは、至難のわざである。悪業煩悩に縛られて、どうしてみようもない状態に陥っている。それが凡愚である。その「具縛の凡衆」を「みちびきて」、「涅槃のかどに」いらしめるのが、他力の本願力になる。涅槃の「かど」と言われている。ほんの片隅ということであろうか。末席を汚した程度かもしれない。しかし手がかりは与えられたというのであろう。曇鸞の意図を見事に言い当てられた表現と思われた。

# 第二章　文献学と思想史の基礎

## 第一節　『岩波仏教辞典』の実際

小谷は「往生」についていろいろな問題を論じている。しかし要を言えば、曽我教学に対する批判に尽きるといっていいであろう。たとえば『真宗の往生論』の第二章「親鸞の往生論」の七「近代教学の蹉跌」の1が「曽我教学の過失」とされていることからも明らかである。中でも曽我の言う「往生は心にあり」と「法蔵菩薩は阿頼耶識」については全面的に否定するところに焦点が絞られていると思われた。

その場合の方法は、文献学と思想史の観点を駆使しての論証である。ところがその記述の進め方にどうしても納得できないところがあることに気づかされた。しかしそれは私の理解不足かもしれないことも同時に自覚させられた。自分の経験を振り返ってみたときの結論である。そこで自説を是として他説を非とすることを務めて避けるよう心がけることにした。このことは最初に明言しておきたい。したがって、どうしても不審をぬぐえないところについて述べることになる。

まず確かめなければならないのは、『真宗の』第一章「世親の往生論」の註（一六九）で言われている『岩波仏教辞典』についての記述である。

第二版ではその記述が削除されたことから、現世往生には否定的な見解が採用されたと考えられる。（『真宗の』一九四頁）

と言う。また、『誤解』の「はじめに」においても、

親鸞が「現世での往生」を説いたとする説は、『岩波仏教辞典』の初版にも記されていいます。しかしその説は、誤りであることが認められたのでしょう、第二版からは除かれています。（『誤解』四頁）

とも言う。つまり、小谷は岩波の編集部がその誤りを認めて、第二版からは「教行信証」の項の「現世往生説」を削除したのであり、「最終的には、それらすべてを中村博士は（中略）退けておられる」（『真宗の』二一三頁）と言う。

ところが、小谷も述べているように、さまざまな議論の中で曽我ならびに、上田義文らによる「往生に関する論考の要旨」が中村元によって学術誌『東方』に採録され紹介されている。その記述を確かめてみると、岩波書店編集部の、

先の2項目中の記述について「不適当かつ誤った記述」とする貴派のご意見には、小社として、いちがいに首肯しがたいものがあります（『東方』第六号、一九三頁）

という「本願寺派への返事」が紹介され、

編集部では、『親鸞』『教行信証』の二項目中に「不適当かつ誤った記述」があるとは考えておりません。（同前一九四頁）

という「談話」が紹介される。そして、岩波書店の「心外」の項で中村は、「不適当かつ誤った記述」と決めつけられるのは心外であるとしながらも、〈親鸞〉の項目では本願寺派の「ご意向を生かしつつ、専門家のご意見などを併せ記述し」、〈教行信証〉の項目では、「親鸞の項目を参照すべく明示し」たいとして、その改定も次回増刷からと時期まで明かしている。

このやりとりを見る限りは、本願寺派は「親鸞の現世往生説を全面否定しているので

はない。現世往生説をとらない自派の見解・立場を明らかにし、少なからざる支持を得ているその学説をも併記せよ」と言っているのであり、その主張はちゃんと通ったのである。要するに、この勝負、本願寺派の勝ち、岩波書店の負けというわけだ。

（同前二一九頁）

と述べている。そして、中村の記述の最後の項である「五」は、

以上、わたくしは浄土真宗の内部で諸種の異なった見解のあることを紹介したまでである。

（同前二二一頁）

とした上で、「それらの諸見解には三つの制約が付せられている」として、

Ⅰ　いずれも「親鸞」というわく組みの中で論じておられるが、そのわく組みを越えると、また他の理解の仕方も可能になってくるであろう。

Ⅱ　浄土経典には、幾種類もの異訳が現存しているが、諸論者は特定の漢訳経典のみに準拠している。チベット訳、ウイグル訳かと思われるものはもちろんのこと、他の漢訳経典をさえも考慮していない。

Ⅲ　論争の大部分では、サンスクリット原典が考慮されていない。サンスクリット原

典を参照すれば、見解も異なってくるであろう。（同前）

の三項目を言っているのである。さらに、

以上の教義論争を見て、外部の方々は、あるいはローマ法皇庁の異端審問だとか（中略）連想される方々もあるかもしれない。しかし暗い印象を与えるのがわたくしの本意ではない。ただ心配して動かれた方々の努力のあとを無にしてはならないと思って記録を書き留めておいたまでである。（同前）

と記している。この記述を見るかぎり、「最終的には、それらすべてを中村博士は（中略）退けておられる」と言う小谷の言とは明らかに異なる印象を受ける。自説に都合のいい読み方をしているだけではないか。ゆえに、

中村博士は、親鸞の教説といえども、真宗学的な枠組内でのみ考察がなされる場合には過ちに陥り易く、それゆえ仏教学的な広い方法論をも踏まえて検討されなければ正しい理解は得られないという、極めて妥当な指摘をされたものと考えられる。（『真宗の』二一三頁）

と言うが、いかがなものか。すなわち、「仏教学的な広い方法論」と言っても種々様々で

ある。

次に小谷の言う文献学に関わると思われる点について見ていく。前述の三項目中、Ⅰ.で中村は「他の理解の仕方も可能になってくる」と言っているだけで、「過ちに陥り易く」という小谷の理解は自説を強調するための判断にすぎない。中村の言っていないことである。またⅢ.のサンスクリット原典についても「見解も異なって来るであろう」ということで参考になることは確かであるが、サンスクリットが絶対の権威をもつなどと言っているのではないと思われる。

また、Ⅱ.について言えば、あらゆる民族にとってその言語は大切である。ゆえに各民族がその語によって精神を深めることも当然である。わがヤマト民族にとって、「ヤマト」「コトバ」の重要さはゆるがせにできないであろう。その意味で背景となっている漢字・漢語文化の恩恵には計りしれないものがある。漢訳仏典のおかげでわれわれはどれだけの豊かな文化の深みに育まれているか。漢語と和語の漢和辞典の奥行きによってどれだけの感性を研かれているか。それだけでも、たいへんなことであろう。漢訳された仏典は「宝の山」である。

## 第二節　文献学的基礎の意義

まず文献学について、その基礎から問い直さねばならないのはどうしてなのか。基礎を忘れた文献学もありうるというのであろうが、その点を確かめるところから始めたい。小谷説では、

テキストの文法に準じて文章どおりに解読して、意味を正確に把握しようとする実証的な近代仏教学（下略）（『誤解』一五頁）

と言う。この説の根拠として、

「あなたがたが文献学的基礎を無視して、親鸞のこういう読みを絶対として立てたら、もう勉強ではありません」（『真宗の』三四九頁）

という福永・川勝の言葉が紹介される。これは『論註』の読み方についての箕輪の「あとがき」を引用した言葉であるが、続いて言われている、

と厳しい叱責のなされたことが記されている。われわれはむしろ、両教授のお示しに

なった文献学的な読み方を忠実に反映した『論註』のテキストがこの書の改訂版として刊行されることを切に願っている。（同前）

と述べている。しかし、小谷の言う「近代仏教学による経典研究によってもたらされた成果」なるものが、「文法に準じて文章どおりに解読」し、「意味を正確に把握」するというだけであれば、それは「浅い」意味のことになってしまわないか。つまり「コトバ」では簡単に伝えられない「深い」意味の領域は除外されてしまうのではないかという疑問である。

政治経済などの重要な交渉に携わる同時通訳者の修羅場を紹介した、「同時通訳はやめられない」との記事が目に止まった。『朝日新聞』「天声人語」（二〇一七年一月十日）に紹介されている。「下調べをして臨みますが、話すこと聞くことは本能的で瞬発的な営み」とあるところが印象的であった。経論の翻訳で言えば、羅什の言うところに近いと思われた。言葉の表面的意味を伝えるのではなく、格調というか、言葉のあやとでも言うべき深い内容を的確に伝えるのは至難のわざであろう。「人類滅亡の日まで通訳の職は消えません」と言う袖川裕美の言葉に、言い知れない感銘を覚えた。

なぜこのようなことに気づかされたかと言えば、ほとんど偶然としか言えないところで丸山圭三郎の「表層的な（中略）日常の意識」と「深層的な意識」（『伝統と創造』第八輯、二二九頁）という示唆に出遇ったからである。スイスの言語哲学者であるソシュールの専門家である丸山は、その急逝の約三ヶ月半前の六月一日に、大谷大学で宗祖誕生会の記念講演をされた。「「生と死をめぐって」―ソシュールと東洋思想―」と題する講演の記録が『伝統と創造』第八輯に載っていたのである。

そこで丸山は、われわれが日常的に「話している言語は表層的でディジタルで」あり、「深層の意識は、アナログ」で「線引きなんか簡単にできない」と言っている。今、問題にしている文献学的基礎とは深層意識にかかわるもので、単なる挨拶や信号などのような表層的言語のことではないであろう。

たとえば人文研（北白川東小倉町の京都大学人文科学研究所のこと。その東方部で中世思想史研究班が成立した。研究成果は『肇論研究』『慧遠研究』『弘明集研究』などである。昭和二十九年からの約二十五年間に及ぶ多数の研究者の協力による。）での研究会は、年齢の上下を越えて徹底的に批判しあう十数名の研究者たちの激論を背景としている。われわれの場合は『弘明集』のときであるが、それは口角、泡を飛ばすほどの激しい口調の議論であった。その様子を目の当たりにした四人（三桐・福島・古田と私）はまさに肝をツブすほどの衝撃を与えられたことであった。それにしても忘れられないのは、横超の指導のもとに作成したわれわれの原案が、最終的には木っ端微塵に粉砕されてしまうことであった。それが毎回のことなのである。それを為さしめる人文研の先生たちの精力なのか情熱なのか。漢文・漢語を深く掘り下げていく力量の底知れなさであると思われたが、今でもアリアリとその様子が目に浮かんでくる。

したがって、福永の言う文献学は仏教に限られるものではない。既説した「シナ学」の立場であり、漢語・漢文のすべてである。老荘思想はもちろんのこと孔子等の儒学や宋代の朱子学・陽明学を含んでいる。かつ東洋全体にわたり、最終的には欧米の言語学・文献学にかかわる視野のもとでのことである。したがって仏教のワクなどは最初から無かったのである。そこで「親鸞読み」を絶対として立ててしまっては真の学びにならないというのは、当然のことであった。文献のもっている深い意味を探り出すためには、絶対的なものは障げになるという意味である。文字を固定化するのではなく、隠されている奥行きを探り出すということである。

そこで問われることになったのは、福永と共通する立場で述べられている梶山雄一の思想についてである。その論考には、『真宗の往生論』と『誤解された親鸞の往生論』の二書で小谷の言っていることの間にかなりの隔たりが感じられた。ゆえにそのいくつかを次に紹介して論点を明らかにしたい。

宗教古典の文献学というものは、言語学と哲学のあいだにある学問である。ところが、この「あいだ」ということがはなはだ微妙なことがらなのである。二つの学問の「あいだ」をマスターするためには、すぐれた言語学者とすぐれた哲学者との能力を兼ねそなえなければならない。それは云うは易くして、行なうは至難のわざである。

（梶山雄一『空の思想―仏教における言葉と沈黙―』二一八頁、人文書院）

古典を言語学的に分析するだけでは、その思想を理解したことにはならない。思想の追求にのみはしれば、あいつはサンスクリット語も読めない、と言語学者にあざ笑われる。

そういう「あいだ」の立場にある者は、もちろん、哲学者の独断を非難し、言語学者の無思想性を批判して、自分に誇りを感じることはできる。しかし、ときとして、自分が言語学者にもなりきれず、哲学者に徹してもいないことを自覚させられるときには、気落ちした自分をなぐさめるすべもない。（同前）

以上の点と関連しながら、この書で言っている梶山の「言葉と沈黙」に対する文章には、たいへん啓発された。私も何となくこの問題について関心がなかったわけではない。しかしこれほどまでの鋭さで課題の重要性を指摘している論説に出会ったことはなかった。

次の文章からは考えさせられるところが多々あった。特に言葉がものを実体化するという点である。よく知られている「維摩の一黙雷の如し」にちなんで、

空というものの対立概念は実体、自性という観念ですが、大乗仏教にとっては実体というものがこの世界にあるわけではない。実体というのは要するに言葉だということなのです。（中略）だから一番基本的なところでは言葉を離れるということが不二であり、そういう意味で空なのだということになるわけです。（中略）空ということは「実体がない」ということです。だから何もかもが存在しないというわけではなく、すべてのものには実体がないというのです。（同前三七頁）

と言われている。具体的な例を挙げながらの説明なのでよくわかると言えるところである。要するに私たちは「言葉」について錯覚があるということであろう。ところが、その恐ろしさには案外気づいていないというのである。続いて言われている次の文章からも強い印象を受けた。

> 『般若経』の中には言葉に対する不信があちこちに明瞭に書かれています。言葉は決して物の真相に対応するものではない。物の真相から言葉が引き出されてきたというものでもない。だから言葉と真実、事実とはまったく無関係だということをさかんにいっているのです。（中略）それは実は、言葉の問題なのです。われわれは一般に言葉で考える。言葉があればそれに対応するものがあると考える。しかし実はそうではないのだということを繰り返しいうわけです。（同前四〇～四一頁）

非常に大事な指摘であると思われた。驚くべき事実に気づかされた経験であった。すなわち、偽ものの文献学者がいるのかどうかはわからない。ただ梶山が「分別ということ」の書き出しのところで言われている文章から、思いもかけないショックを受けたことは事実である。これこそ本ものの文献学者だと思ったのである。

二、三仏典を和訳しているうちに困った事態にぶつかった。現代の日本人一般のものの考え方と全く異質的な思想領域の中で発想されている仏典の術語というものは、それのほとんどが和訳不可能である、ということである。（同前七五頁）

不可能を知る者のみが、それを超えて不可思議な領域への転入を実現可能にすると言うのであろうか。それにしても次の警告からは考えさせられるところが多かった。

程度を超えて古形を追求するならば、われわれの前に残されるのは、ブッダの教えの骸骨、それもバラバラに散った断片だけとなる。そうなってしまったときには、それは文献学であっても、ブッダの思想の研究としての破滅でしかない。ブッダの歴史性を求めて行なわれる文献学が、結果的にブッダを殺してしまい、思想研究としての意味を喪失してしまう例は、あまりにも多いのである。（同前二三一頁、「あとがき」）

梶山の文献学は非常に深みをもったそれであると感じられた。そこに立って、梶山は「文献」もしくは「言葉」についての思索を深めたようである。『空の思想』の「序にかえて」「あとがき」を見ると、その辺の状況が手に取るように読み取れる。「仏教における言葉と沈黙」という副題が示している通り、「コトバ」のもつ深い意味と、それを障げる抽象化の超克である。「沈黙」に陥るしかないところで、いかにしてその難関を超えて言葉の本来性を回復するか。「言葉」となりつつ、それによる固定化をいかにすれば翻すことができるか。その作業に自らのすべてをかけられたのが梶山であったと思う。

## 第三節　思想史と神の天国

真宗および親鸞の「往生」について、思想史的に見るということの確かめが必要になった。思想史にもいろいろあるからである。つまり「往生」を研究の対象とする場合には、どうしても単なる教理用語としての往生になってしまう可能性が生ずるのではないか。ではそれ以外に往生はないと言っていいのであろうか。

そこで小谷の言うところで注意を喚起された文章を最初に示すことにする。

親鸞の説く往生を臨終時に認めない近代教学の根底には、インド仏教史のなかで「往生」という概念がなぜ必要とされたかという問題を、思想史的に検討してみようという視点が欠如していることが考えられます。

（『誤解』三二一頁）

とある。今回の論考の言わんとするところは、これに尽きると言っても過言ではなさそうである。

すなわち小谷が、櫻部説に賛意を示して、もっとも強調しようとしている論点の一つは、近代教学の人々が、「「正定聚」に定まるのがそのまま往生を得るということである」とする見解を、「誤解」であるとして批判することに尽きるであろう。

ゆえにこの趣旨を敷衍する次の論旨は明解である。

> 星野師と曽我師とが往生を現世において得られることと誤解された背景には、浄土教出現にいたる思想史への認識不足があると思われます。（中略）その思想が思想史上にどのようにして出現したかを、正しく知ることが求められます。（中略）浄土経典は、現世ではそれが実現できない者のために、死後に浄土に往生することによって成仏することを教えるものとして出現したと考えられます。（同前四八頁）

と言われている。以上の説は上田義文の所説について、「往生思想の出現にいたる思想の展開の跡を（中略）把握するには要を得ている」（同前三二頁）として、その「経緯を概観」するところで述べられているものである。次いで上田の「仏教における「彼岸」と「来

世」」の紹介に入り、

「他界」や「来世」を超える「彼岸」の国を発見したところに釈尊の独創性を認め、

釈尊はその彼岸を現世に見出した、（同前三三頁）

と言う。ところが、

現世で彼岸を見出し得る者は仏弟子としての最高の悟りに達した阿羅漢たちに限られ、多くの弟子たちは現世で彼岸に到達することはできませんでした。そこで（下略）（同前三三〜三四頁）

その者たちのために、

死後に来世で天界に生まれ変わって彼岸への道を歩む修道法が考え出された、（同前三四頁）

というのが上田説であると要約し、それに対して思想史的に見る視点の欠けているのが近代教学の弱点であると主張する。

ちなみに、予想をはるかに越えたことであったが、仏教思想史の視座に立ちながら「親鸞の往生思想」について考察している論考がたまたま目に止まった。『親鸞教学』第十三号にある論文を紹介しながら、そこで結論に当たる部分を要約している中村元の文章を『東方』で目にすることができたのである。まさに望外の縁としか言いようのないことであった。しかも小谷説の「往生論」について私が不審に思わざるをえなかった何点かについて、納得するしかない解説のなされているのが上田論文であった。先の「彼岸」と「来世」の約十年後の力作である。この論文はその約三十五年後、上田の遺著『親鸞の思想構造』（春秋社、以後『思想構造』と略す）にそのまま載せられている。

ともあれ、『親鸞教学』第十三号で言われている「往生」についての上田説は、私にとってかなりの驚きを与えるものであった。とりわけ目を見張るような感を受けたのは、次の論旨に出会った時であった。すなわち「往生する」ということで言えば「従来の伝統的に有力な解釈」では「往生することに定まる」（『親鸞教学』第十三号、九九頁）だけのことであって、「真に往生することではない」ということになっているという指摘である。

したがって『一念多念文意』（聖典〈五三五頁〉）の「即得往生」について、

「即得往生という経の言葉は、ただ正定聚に定まるということを意味するだけだ」ということを言おうとしたものである、（『誤解』二〇頁）

と主張する小谷説は、上田論文で言えば、往生することではないと、この伝統的解釈は説明する。

「即得往生」とは、正定聚の位に定まることであって、往生することではないと、この伝統的解釈は説明する。（『親鸞教学』第十三号、一〇〇頁）

という箇処にそのままピッタリ当てはまる。ゆえにここでの「「往生する」とは「不退を証する」こと」であって、「「正定聚の位につくこと」を意味していて「滅度を証すること」ではない」というのは上田によれば、古くから伝えられてきた「伝統的解釈」になる。

しかも上田は続いて次のように述べている。すなわち、

往生とは此土に命終して彼土に生れること或いは滅度を証することであるという見解に立つかぎり、正定聚の位につくことを「往生をう」とは云われない。しかし現に仏は経のこの箇処で正定聚の位につくことを「即ち往生をう」と「のたまふ」ている。この事実を親鸞は見逃さなかった。（中略）正定聚の位につくことが、また、仏によって「往生をう」と云われている（中略）ことを親鸞は鋭く注意した。滅度を証することのほかに、正定聚の位にさだまることも亦「往生する」と云われ得ることをこの経の文によって親鸞は知った。（同前一〇〇頁）

親鸞はやむなく正定聚の位につくことを、「往生をう」と云ったのではなくて、却って積極的に正定聚の位につくことを「往生をう」と言うことを親鸞は強調したいと欲したと思われる。

（同前一〇〇〜一〇一頁）

したがって、

滅度を証することだけでなく、正定聚の位につくことをも「往生をう」と云う思想は、非常に重要な、浄土教思想史における画期的な、思想を顕わしており、ある意味では親鸞の思想の核心がここに顕われているとも云える。

（同前一〇二頁）

となっている。以上の引用部分は『思想構造』（一〇二〜一〇三・一一二頁）に当たる。まさに鮮烈な印象を受けた。五十年近く前に、すでに「往生」の問題の本質は言い当てられていたのかもしれないとの思いを深くした。

いずれにしても小谷説とは完全に異なる論調である。だがここで明らかにしたいのは思想史についての考え方の確認である。上田の言う思想史と小谷の思想史とは同じであるとはとても言えない。その点を明らかにしなければならない。論点を先に進めることにする。

上田の『仏教思想史研究』（永田文昌堂）に出会ったのは、昭和三十三年（一九五八）十一月発行の改訂版であった。大学院Dコースの一年目の頃なので、内容を読みこなすことなどできるはずもないことであった。しかしこれまでに触れたことのない何か深いものに裏づけられた思想史研究であることは感じられた。省察する力とでも言うのであろうか。その印象は約六十年後の現在でもまざまざと想い出す。

なぜこのような経験を突如として書き出したのかといえば、小谷の言わんとする「思想史」とはどのような意味の思想史なのか、その点がはっきりしない状態であったところで、先述したように『東方』第六号の中村元説を読む機会を与えられたのであった。そこで中村は上田論文について、特に「その結論の部から引用する」と言われて、

親鸞は（中略）往生思想を伝統的な「来世信仰」から切り離して、「今・此処」という現在の立場に立たしめることによって、大乗仏教史の一傍流にすぎなかった往生思想を、その本流に位置せしめた。

（『東方』第六号、二〇〇頁）

と要約している。

この部分の上田の文章は、「インド以来大乗仏教思想史の傍流にすぎなかった往生思想が、これによって大乗仏教思想史の本流に座を占めるようになったということができよ

う」（『親鸞教学』第十三号、一一四頁）となっている。中村の要約した「大乗仏教史の一傍流」は、「大乗仏教思想史の傍流」である。しかもこの視点は「転依」の論理的構造と関係していることを述べているところ（同前一一三〜一一四頁）なので、その注記⑨（同前一一七頁）には、「不十分ながら、拙著『仏教思想史研究』第二章第六節の転依の説明を参照」と言われている。

浄土経典を傍流として見るか、否か。いろいろあると思うが、上田説の本流説のところに親鸞の真意が示されていることになると、思想史的視点といっても全く異なることになろう。しかも中村は上田について、

学界で景仰されている学者であるのみならず、本願寺派に属する碩学であるので、その点は注目すべきであろう（同前二〇〇〜二〇一頁）

とまで言っている。その学識の優れていることを高く評価しているのではなかろうか。しかも中村の要約の前半は上田の指示通り、『親鸞教学』第十四号の最初の項、五の「「臨終」の立場と「平生」の立場」によっている。その中で特に注意を引かれたのは「今・此処という現在の立場に立たしめる」という指摘であった。先にもみた、丸山の言うところ

に合致していると思われた。それらについてはもう一度考える予定であるが、この時点で上田説の趣旨を要点だけ言えば、次の所説を見逃すことはできない。

親鸞における往生の二義を認めず、往生を此土に命終して彼土に生れることの意味に限定しようという伝統的解釈の立場からみると、（中略）臨終を待たねばならぬと解するものと思われる。（『親鸞教学』第十四号、一〇六頁）

この平生の立場においては、臨終というものは、「往生」にとって、もはや本質的意義をもたないものとなってきているということが注目されねばならない。（中略）親鸞の平生の立場は、もっと根本的な意味で臨終というものがもっていた主要な意味を奪い去ってしまったと考えられる。（同前一〇七頁）

従って肉体の死はもはや宗教的な根本問題ではなくなったということができる。真の臨終は肉体の死のときではなくて平生にある。南無阿弥陀仏になるとき、信心決定するとき、が真の臨終である。（同前一〇八頁）

死の後に涅槃界に入るということは、涅槃のくにが未来世にあるということを意味していると考えられやすいが、そうではない。未来世は、現在世・過去世とともに三世という時間を成し、この三世の全体が輪廻すなわち生死であって、時間に属している。涅槃界は生死を離れ、あるいは超えているのだから、それは時間そのものを超えているわけである。未来世にあるのではない。（同前一〇八頁）

涅槃界は（中略）一切の群生の心にみちみちてましますという。それを時間という面から云えば涅槃は三世にわたるところの時間の「今」にみちみちているわけである。従って単に涅槃界は時間を超えていると云うのは適当でない。無時間でありながら時間にみちわたっている。常住のくにであり無為の世界である涅槃は、無常のくにである有為の生死界にみちみちている。（同前一〇九～一一〇頁）

以上は『親鸞の思想構造』（一二六～一三〇頁）に当たる。

ここまでの上田の仏教思想史には分別だけのディジタル思考にはない充分な厚みが感じられた。梶山の言う「思想性を欠落した文字面をよぎるだけの思想史」の中味のなさとの違いは歴然としている。

一方、小谷は「「往生思想とその源流」と題する論文」（『誤解』三八頁）として藤田論文を取り上げ、「その生天思想と結合した沙門果思想と極楽浄土往生思想との根本的な共通点を次のように述べておられます。」（同前三九頁）と、次のように言う。

死後に天界に生まれ変わりそこでさとりを目指すという思想の構造が往生思想と一致する（中略）決定して正覚に向かっている者が不退転・正定聚に相当し、思想の内容が往生思想と一致する（中略）「生天しての解脱への修道」という思想は、（中略）現世での涅槃（現法涅槃）のかなわない大多数の仏弟子の強い願望に応えて出現した（下略）

（同前四〇〜四一頁）

とし、大乗仏教でも同じであるが、「ただ極楽浄土往生の思想」となると、「未来の生はもっぱら仏の世界であり、四沙門果説で示されるような生天輪廻の思想は完全に捨てられた」（同前四二頁）という藤田説を用いて、

それゆえ、往生すればもはや輪廻転生することはなくなります。（同前）

と言う。そして思想史でみるかぎり、

原始仏教以来、現世での涅槃の証得を求める主流の思潮と、現世では証得が不可能なので来世にそれを期待する傍流の思潮との存在が明らかになります。（同前）

として、最終的には、「現世往生」を説く解釈は『論註』による般若経典の説であり、親

鸞はそのように間違って解釈されないようにと願って「注意書きをした」のに、その「配慮を理解せず」、「正定聚に定まることが往生が得られることだ」と言ったりするのは、

文献を正しく読むことを心がけない不注意による過失（中略）思想史の展開を考慮しないことによる過失です。（同前四三頁）

と言う。

ところが、この藤田論文（藤田宏達『原始浄土思想の研究』五三三〜五三四頁、岩波書店）の説は、この項の一　生天思想の関係（同前五二九〜五三〇頁）と密接に連動している。つまり藤田は「往生思想」と「生天思想との関係」の項で、「注意しなければならぬ重要な問題がある」と言い、

生天思想が極楽浄土往生の先駆思想と見ることができるにしても、両者の間には思想的に重大な相違がある。（下略）（同前五二九〜五三〇頁）

という注目すべき示唆をなしているからである。すなわち、「極楽浄土に生まれるということは」「究極的にはさとりに到達することを意味しているのに対して、天界に生まれるということは、そのような意味を全く持たぬ」という指摘である。

つまり「ブラフマンの世界」はそこに「到達することが解脱を意味するものであったが、これが仏教にとり入れられると、もはやそのような意義を失ってしまった」と言う。そして「大梵天でさえも、」「変異」があり、「変易」があることになる。すなわち、

仏教においては、どのような神々でも、すべて輪廻の世界にとどまるものなのである。したがって、このような天界に生まれることは、決して解脱を意味しない。解脱を求める出家修行者は、むしろ生天を願うべきではない。（同前五二九頁）

という驚くべき趣旨の論考を展開されている。そして最後に、

天界に生まれるという思想は、仏教においては、はじめから解脱の思想と区別されているものであるから、ただ単に生天思想が発達して極楽浄土往生思想が成立したというようなことでは、両者の関係は根本的には解明したことにはならない。われわれは、生天思想を基盤としながら、しかも浄土往生思想と解脱という点で結びつきうる思想を他に求めねばならぬのである。（同前五三〇頁）

と断言されている。

この箇処に全く触れることなしに、小谷は藤田論文の二　四沙門果思想との関係の項の

一部を『誤解』の三九～四〇頁に引用して自説を展開している。しかもこの項の藤田の結論は次の文で明白である。

しかし、翻って考えてみると四沙門果がこのように来世の得果を語り、そのために三界の体系における生天思想をとり入れたところに、実はこの説がもっぱら理論的興味の対象となり、実践的に生彩を失うにいたった理由も認められることができるであろう。（中略）この修道体系は断惑修道が如何に容易でないかということを理論的に示す点においては成功したけれども、反面、いちじるしく実践的意義を失う結果となったからである。

これに対して、極楽浄土往生思想は、これとは異なった道をとって形成された。（中略）ここで語られる未来の生はもっぱら仏のさとりの世界であり、四沙門果説で示されるような生天輪廻の思想は完全に捨てられてしまった。したがって、部派仏教におけるような修道体系は、もはやここでは適用されることはなくなった。ここで強調されるのは、未来の仏国土に生まれて、究極のさとりを得るという実践的関心そのものであり、この点において、部派仏教とは全く対蹠的立場に立つといってよいのである。

（同前五三五頁、傍線筆者『誤解』引用部分）

小谷の言う「真宗」および「親鸞」の「往生論」は、果たして本当に仏教の思想史になるのであろうか。いみじくも藤田が懇切に指摘してくれているように、「未来の仏国土に生まれて、究極のさとりを得るという実践的関心そのもの」とあるように、実在しない偽の浄土への幻想から脱却して、「究極のさとりを得るという実践的関心」に立つべきではないか。

それにしても、小谷の「死後往生説」は奇異な感がする。「往生」を対象として姑息な憶測を加えているのではなかろうか。もしそうだとすれば、思想史の場合でも重要な視座を見失うであろう。その錯覚を超えるためには、どうしても有化してしまう自らの事実を認めるところから解決の糸口をつかむ必要がある。対象を必ず凝固する自らの内なる闇の深さに気づくことである。そのためには、自らが自己自身で自己の闇を否定できる強烈な「力」を、自己の内に見出さねばならない。「コトバ」を超えた「真如」から生み出される自己反省の力を、自らの内面から甦らせることである。それが「究極のさとり」であり、原始浄土教思想のブッダの自覚なのではなかろうか。

もしもその力に気づくことができれば、われわれが常に陥っている常識的な理知から脱却できるのではないか。知らず知らずのうちにその囚人になっている「自力の執心」の正体は、もっとも頼りにしている自己自身の中のカラクリの可能性がある。その事実を自覚できなければ、どれだけ如来の救済を期待したところで水泡に帰してしまうに違いない。たいへん困難な課題である。

## おわりに

序論を結ぶに当たって考えざるをえないことの一つは、「コトバ」の問題の恐ろしさである。また、困難さでもある。その点をはっきりさせるということで、ディジタルとアナログの違いを踏まえて見ることになった。そこで目に止まったのは鷲田清一の次の文である。

文学者の生原稿を読む時は…耳を澄ませてその文章の底に流れている語調とリズムを

できるだけ注意深く聴き取ること　坂本忠雄

かつて小林秀雄から「読みの浅さ」を警められた文芸誌「新潮」の元編集長は、以後「眼で字面を追う」のでなく、文にこう向かうように自らに課したという。言葉はいのちの弾みを圧縮したもの。その息遣いごと抱擁するのでなければ、言葉に託されたものを聞きそびれてしまうということか。『小林秀雄と河上徹太郎』のあとがきから

（『朝日新聞』〔二〇一七年七月二十二日〕「折々のことば」）

ここでの「いのちの弾み」は、『羅什伝』では、「藻蔚を失い、大意を得と雖も、殊に文体を隔つ」とあるところに当たると思われた。「藻」が文章のあやである。「飯を嚼みて人に与うるに似たるあり。徒に味を失うのみならず、乃ち嘔噦せしむるなり」とも言われている。この文については羅什の名言として感動したことであった。安居講本『証巻』の記録『無上涅槃の妙果』（二五九～二六〇頁）にその一端は記してある。しかし、今回は梶山の言うところがそれと同質であることに、目の覚めるような思いをしたのである。人に嘔吐を催させるような言辞を吐いて平然としている。その自分を省みることができない。それが「我」であった。人文研の先生たちによって粉砕された私の原案への厳しい指摘を

やっと思い出した。その「自覚」の問題へどうしても「転入」しなければならない。

そこで少し視点を変えて、これまでに断片的に述べてきた「根」と「無生の生」について整理する。ヒントになるのは、「根」に対する福永の次の示唆である。

なお、中国の古典においては、特に『老子』において万物を生み出す根源として〈根〉の語が用いられ、〈根に帰る〉思想が説かれる。

（『岩波仏教辞典』三四七頁）

ここでの『老子』は第十六章「各々其の根に復帰す。根に帰るを静と曰い、是を命に復ると謂う」にあたる。金谷は次のように解説する。

復帰は『老子』の重要な思想である。歴史的時間的には、それは太古の素朴に帰ることでもあるが、むしろ現在の時点で、おのれの立つ足もとをふりかえり、おのれ自身の生の根源として本来性にたちもどることである。世俗の喧騒《けんそう》に踊らされている自己をひきとめて、虚《うつ》ろな静けさの奥にあるおのれのふるさとへ帰るのである。

（金谷治『老子』六四頁、講談社学術文庫）

そこで曇鸞の「無生の生」を見ると『老子』第十四章

無物《むぶつ》に復帰《ふっき》す。是《こ》れを無状《むじょう》の状、無物の象《しょう》と謂《い》い、是れを惚恍《こうこつ》と謂う

（同前五三頁）

によっていることが判明する。この章の金谷の解説は次のようである。

はっきりしないおぼろげなありさまで、これといって名づけようがなく、結局は何ものも存在しない無の世界へとまたもどっていくことになる。これを「すがたのない状《すがた》」「物のかたちのない象《かたち》」といい、また「おぼろげなもの」とよぶ。（同前五二頁）

すなわち「無生の生」は当時の、老荘思想を通してその影響のもとに仏教を受容した中国仏教独自の背景によって成り立っている思考である。

小谷は、曇鸞も曽我も「サンスクリットが読めなかったために誤りを犯した」と主張する。しかし、曇鸞が羅什の解釈を参照したであろうことは「四論の講説」で明らかであるが、羅什にサンスクリットの「utpatti」と「upapatti」（『真宗の』一〇七頁参照）の違いがわからなかったとはとうてい考えられない。小谷は当時の中国仏教における老荘思想の影響に対して余りにも理解が不足しているのではないか。その結果としての虚説としか言いようがない。曽我に対する説も「誤解」を前提とした思い込みによる断定ではないか、疑念をぬぐえないところである。

すなわち、『論註』で用いられる「根欲・根敗・根本・善根」などの「根」は、すべて老荘思想を背景にしての用語である。また、「不生」・「無生」という否定を通して深い意味を掘り起こす手がかりである。否定による肯定の論法は曇鸞が通暁していたところである。「不行而行」(『浄土論註総索引』六七頁)、「不生而生」(同二二頁)、「無生之生」(同五七頁)、「無知而知」(同六七頁)、「無知故能無不知」(同七一頁)などをみれば明白である。

これを『荘子』でみれば、「ココロ虚《むな》シケレバ無為ニシテ為サザルナキ」(庚桑楚篇)とある。この句に対する福永の解説は次のようになっている。

邪念を挟まず無理をしない行為であってはじめて「為サザル無シ」――一切を為すことができる。いわゆる「無不為」の「無為」である。真の無為が「無不為の無為」であるように、真の無心もまた「物に応じて無方なる」無心でなければならない。物に応じて無方でありうるために心を虚《むな》しくするのであり、心を虚《むな》しくすることによって、何ものにも限定されない自由な心のはたらきが実現するのである。心の常に虚しい人間だけが一切を容れることができ、無心であるもののみがあらゆる事象にとらわれなく対処していくことができる。

(『荘子』一六七頁、中公新書)

人間の自由とは(中略)与えられた自己の現在を自己の現在として、精一杯に逞しく生きてゆくことの自由である。この自己にとってただ一つ確かなことは、この自己が今ここに生きて在るということである。過去は過ぎ去ったものであってもはや現在しない。未来はまだ現在しないものであって確かなものではない。今日ここに生きて在る自己が明日もまた生きて在るという保証はどこにもなく、人生は常なきものである。人間は一瞬一瞬に断絶の深淵の上をふまえながら、その断絶を一つの連続として自己の一生を生きていく。絶えず死の前に立たされているのが人間の生である。

（同前一八八頁）

これらはあらゆる分野で、普遍的に問われている課題とも言えよう。具体的な事例はいくらでも挙げられる。たとえば医師のデーター化された数値、音楽家の音符などである。文献も同じである。生きて動いている流動性そのものを「コトバ」にして語に固定する。それがディジタル化である。そうなるとすでに紹介した梶山の言語学と哲学の「あいだ」の問題が浮かび上がってくる。結局、ブッダの「さとり」について論じながら、「ブッダを殺すものになり、骸骨の山を築くだけの作業になってしまう」と言う。この指摘は強烈であった。この点は丸山の説に一致点を見る。「日常の意識はディジタルな意識」とも言

われている。それに対して、

深層意識というものがどこか遠くにあるのではなくて、今、ここでも私たちをとても強く動かしている。

（『伝統と創造』第八輯、二二九頁）

と言う。続いて「大乗仏教が語っている、特に唯識論」に言及し、

「五感とそれから表層意識を合わせて六つの識（中略）その下にあります自我の深層心理でありますマナ識、そしてまたその下にあるアーラヤ識、こういうようなものを含んで、新しい言葉の研究では「意識の深層」というものと取り組もうとしておるわけでございます。

（同前二三〇頁）

と言うのである。

その造詣の深さには舌を巻いた。才能の違いによると思わないわけではなかったが、そのような日常意識の情けない見方でなしに、遺言として私に語ってくれたと思うしかなかった。深層意識アラヤ識が改めて、身近な問題として問われていることに気づいたのである。

このことが切っ掛けとなって、講談社現代新書の『言葉と無意識』、および『言葉・狂

気・エロス』の二冊を読み始めたのであった。だが、まさに「青天の霹靂」のような一撃を受けた感がした。少し長くなるが、次に紹介する丸山の遺言は万人への〈呟き〉であると確信してのことである。

インドの大乗仏教学者・ナーガールジュナ（龍樹）の『中論』にもとづいて般若空観を宣揚した〈中観派〉の考え方は、ソシュールの思想を先取りしているとさえ思えるほどである。

その核となる〈縁起〉説によれば、すべての事象は関係によってのみ存在する。ということは、アリストテレスの言う実体、ナーガールジュナの言う〈自性〉の否定にほかならず、これはそのままソシュールの〈恣意的価値〉（＝根拠なき関係）の世界であろう。そしてその原因を、存在喚起機能としての〈言葉〉に見るところも共通している。

それにもかかわらず私たちは、言葉が生み出した現象的多者を客観的実在と思いこんで疑うことを知らない。だからこそ東洋哲学には一貫して根深い言語不信があるのだが、この不信感はそうした物象化意識告発の意味をもっており、これまたソシュールの考えたラングの〈構造的同一性と差異〉を実体化することへの告発と同質の思想である。

私たちはまず何よりも、この擬似的客観存在が、実は恣意的分節行為すなわち、〈妄分別〉の結果に過ぎないことを知る必要がある。それを可能にする〈意識の空化〉を行うためには、表層のラングから深層のランガージュへと垂直に降りていかねばならないだろう。これまた、物《もの》の物《もの》性を剝奪《はくだつ》する解体過程、すなわちソシュールの〈現前の記号学解体〉のプロセスに比せられるのである。（『言葉と無意識』一五六～一五七頁）

〈中観派〉とともにインド大乗仏教の二大系統の一つであり、ヴァスバンドゥー（世親）らによって唱道された〈唯識派〉においても、一切の現象が言葉によって妄分別された仮象に過ぎない、とする立場はナーガールジュナと一致している。

しかし、現象以前の〈空〉から、現象的世界が意味化されて登場する過程での深層意識の役割の大きさを強調する点と、その働きの根源に〈アラヤ識〉を立てる点が前者との主たる相違である。これはソシュールのみならず、フロイトの先取りでもあると言えよう。

（同前一五七頁）

ここでは特に「明確な分節のない〈呟き〉のようなもの」（同前一五八頁）というところに注意したい。アラヤ識の「呟き」になるからである。井筒説を視野においてのことである。その点は、本論の「おわりに」で紹介することにして、序論の「おわりに」としては、次章への転入のための適切な示唆を与えられたこととしておく。空観と唯識観とは同じであるという丸山説は充分納得できた。

# 本論　「法蔵菩薩はアラヤ識」説の検証

## はじめに

曽我唯識とは、そもそもいかなる思想なのか。最初から偏見をもって見られ、型にはまった常識的な仏教学から笑いものにされたこともあった。そこから始まったことによって、現在でもその真髄を正しく理解している人はほとんどいないと言っていい。この文章を書いている私自身が全くわかっていなかったと素直に認めざるをえない状態である。

そのような事情の中で、たまたまのようにして曽我唯識について書く機会を与えられた。水島見一編『曽我教学—法蔵菩薩と宿業—』（方丈堂出版、二〇一六年）の中の拙論「曽我量深における唯識教学」である。その論文について、さまざまな感想や要望をいただいた。その中で特に多かったのは、「何となく面白く、興味は湧くが、肝心のところがはっきり伝わってこない」という意見であった。自分で読み直してみて、強く反省させられたのもその点である。

これでは「法蔵菩薩の発見」そのものの意義も伝わらないと思った。案の定、その後で『同朋新聞』その他の短文で強調しようとした肝心のところは全く無視されたようである。何を言っているのかわからないという苦情を、会う人ごとに言われる始末であった。よく読んでくれている人たちの感想だっただけに、己の力量のなさを嘆くしかなかった。

それらの反省のもとで再度「法蔵菩薩はアラヤ識」説を検証する機会を与えられた。改めて「曽我唯識」の「至極」はどこにあるかとなったとき、結局は『如来表現の範疇としての三心観』（以後『如来表現』と略す）を何としてでも読みこなすしか方法はないことになった。曽我の叱咤の中心はそこだったことになる。

ところが、これまでの私は『如来表現』に触れることはほとんどなく、わずかに前掲拙論「曽我量深における唯識教学」第三章「阿頼耶本識の自体」の第一節「如来表現の範疇としての三心観」でその概略を述べたくらいであり、第四章第三節「末那識の自己否定」において「我執」について多少考えている程度であった。自力の我執もアラヤ識を解明するについては避けて通れない論点である。しかし、何といっても主題であるアラヤ識について究明することなく論旨をすすめているのでは、「カナメ」のところが「ボケ」ているとの印象を与えたのも当然である。重大なミスを犯してしまったことになる。弁解の余地のない欠陥の露呈であった。どうしてそうなったのか、端的に言えばその時点では『如来表現』が全く読めていなかったという事実である。お座なりの「法蔵菩薩はアラヤ識」説をまことしやかに繰り広げていただけであった。

曽我の痛烈な叱咤を受けた感を強くしたのは、以上の事実が確認されたからである。そこで今回は『如来表現』を何としてでも解読したいとの念願のもとに、論点が散漫にならないように勉めつつ「アラヤ識」についての検討を行うことにする。

この度の小谷による曽我唯識への論難の主なところは次の点であると言えよう。

（『真宗の』二五〇頁）

説明が師独特の晦渋な表現で為されており、

その考察は、

調和を欠き粗雑である（中略）その論述は不調和で不合理なものとならざるを得ない。（中略）曽我師の解釈は、阿頼耶識を迷いの根拠として説くことを主たる内容とする唯識思想と背離し、本願の種子という師の用語も唯識思想にそぐわない。（同前二五五頁）

というところにあると言えよう。そして最後に、

曽我師が唯識思想を正しく理解しておられたか否かを疑う所以である。（同前二五六頁）

と断定する。

そこで最初に確かめなければならないものの一つが、次の文である。

阿頼耶といふのは要するに自覚意識そのものでありまして、吾々一切の自覚の原理そのものゝ自覚意識である。だから一面から見れば吾々一切衆生の感覚的現実の流転の因果の形式といふものゝにある。又従って此流転の形式自体なる自覚の理想的還滅の因果形式といふものゝにある。一面から見れば此の流転生死を感ずる業の原理となり、同時に又此の迷ひをひるがへして悟りに到る、悟りの自覚の原理、道程となる。迷ひの原理となる、其の迷ひの原理自体、原理を証知する原理が即ち此の悟りの原理でありまして、詰り吾々は阿頼耶識の体験の中にあつて本当に迷ふことを感識

することが出来るのであります。

（『如来表現』選集巻五、一六二〜一六三頁）

小谷はこれを評して、「一見、難解な事柄が説かれているかのように見える」が、「さほど難しい事柄ではない」（同前二五〇頁）と論難する。「簡潔に言い換えれば」（同前）と言うのであるが、この文章を理解するのに大変な苦しみを味わった自分を省みて、信じがたい軽さを感じたところでもあった。

そこで疑問を覚えるのは、小谷はどこに立ってこの論評を為しているのかということである。具体的に言えば、「自覚意識」が「阿頼耶識の活動（識転変）であるとする」ことで「「すべては唯識だ」と言うに尽きる」（『真宗の』二五〇頁）と論断しているが、少なくとも私の知る限り、「アラヤ識の転変が自覚意識」だという説は曽我が初めて言い出したことである。ゆえに、小谷のこの断定を裏づける根拠、論評の立脚地を疑わざるをえないのである。

私がこの文を目の前にして理解するのに苦しんだ経験で言えば、すべての判断を常識的な日常の理知で行っていた。それを唯一の認識の基準としてものを見ていたのである。それが私の苦悶の原因であった。それを為しているのは言うまでもなく私の脳である。つまり、頭で考えていたことになる。それしかないと無意識のうちに思っていた。そして、脳ですべての完全な認識が成立するという、自分の脳に対する絶対的な信頼感もあった。それ以外に何もない自分であったからである。いわゆる第六意識の判断である。われわれは第六意識という「日ごろのこころ」でしかものを認知することができない。そこを唯一の依り処として生きることになる。だがその第六意識が誤解を生み出す元凶となる。とんでもない結論を出してしまうことがあるのである。

そのようなことで、どう考えても理解できない難問であったが、今回やっとその手がかりに触れたかもしれない感触を得た。ただし、手がかりといっても『十住毘婆沙論』（『教行信証』、「行巻」、聖典一六二〜一六三頁）で知られている「大海の水」と「二三のシズク」の程度である。二、三滞の苦が滅しただけで、余の大海の水はそのまま残っている。その「二三滞のごとき心、大きに歓喜せん」であるが、「この菩薩所有の余の苦は、二三の水滞のごとし」となる。残っているのは二、三滴という宗祖の読み変えのところである。そのような境地はこれからのこととして、現在いえることは、わずか二、三滴の手がかりが感識されたにすぎない。「千丈の堤も蟻の一穴から」に当たるのであろう。

# 第一章　真我のアラヤ識と胸より湧く他力

厳しい叱咤激励によって、やっと「法蔵菩薩はアラヤ識なり」と言う曽我の感得の意味を了解できた。此の世に生を受けて最後の最後としか言いようのない一瞬のチャンスを与えられたのである。少しばかり納得できた事実をできるだけ具体的に書き残すことに無上の喜びを感じている。

真宗の学びに縁のあった者にとって「法蔵菩薩はアラヤ識」説は、比較的耳にすることの多い言葉と思う。しかし、その意味を正しく理解することは容易ではない。私の場合でも、思いがけない縁を与えられてのことであった。『曽我教学』中の拙論によって、曽我唯識の紹介を一応為しとげることができたからである。その際、松原のアラヤとアーカラの誤読説に対する反論の中にあった「我等が久遠の宗教」（以後「久遠の宗教」と略す）の終わりの文章が目に止まったのである。自力は捨てられるのか捨てられないのかというところである。そこだけが記憶に残っていたので、そのことは既述（『曽我教学』一八三～一八四頁）した。

今回改めて思い知らされたのは、「地上の救主」をはじめとしてさまざまな問題を松原が論じていたことである。凡愚の読みの浅さには呆れ果てるしかない事実の確認である。そこで考え直さなければならなくなったのは、法蔵菩薩の発見についての克明な紹介がなされていることであった。それらのすべてが何の関心も引かなかったとは思えない。だが、その痕跡が私の記憶に全くないということは、自分の事実でありながら驚きであった。「法蔵菩薩出現の意義」の表している課題の大きさは、現代の混沌たる状況の中でこそ、その意義を発起するものと思う。それが感じ取れなかった自分の無能さを思い知らされたのである。

同時に、そのようなかかわり方でしか出遇えない関係であったとしても、その縁が因である私の種子を現に生きている私の「いのち」の「蔵」でしっかり執持してくれていたことであった。そのような自分のアラヤ識のはたらきに気づかされたことは望外の喜びであった。どのような言葉でも言い当てることのできない不思議な出来事であったことになる。したがって、そのことを通して、曽我の「久遠の宗教」で言われている重要な示唆への反省を改めて強く迫られたことである。その第一は、

彼は生死巖頭に立ちつゝ、一切皆空無人空曠の世界に孤独黒闇の真我に接触した。
（「久遠の宗教」選集巻二、三六八頁）

とあるところである。

法蔵菩薩とアラヤ識の関係について言えば、すなわち「真」の「我」は「この真我をばアラヤ識と名づくる」というところでこそ明らかになる、もっとも重要な急所である。つまり、「最も深痛なる現実の自我」と言われている「真我」が「アラヤ識」であるという点を見過ごしていたことになる。いわゆる四大煩悩の中では特に注意しなければならない、「我癡」が私自身のどこかに潜んでいて、どのようにして「現実の自我」を支配しているのか、現に今生きている具体的な事実としての自己自身をどのようにして規制しているのか、全く自覚されていなかったことである。

この事実は身をもっての経験であった。それゆえ「地上の救主」における「法蔵菩薩出現の意義」についても何の記憶も残っていない。まさに肉眼が文章に触れていたのは確か

であるが、文字の上を通っただけという情けないな状態であった。慙愧の念に堪えないところである。反省を深めていかなければならないことを強く感じたことであった。

にもかかわらず、「自力の執心」は捨てられるのか捨てられないのか。そのことが気になって永く忘れられない課題となっていた。このことは逆に言えば不思議なことであった。隠れていてどのような「ハタラキ」なのか考えてみようもないにもかかわらず、真の意味の「仏法不思議」になるのであろうか。われわれの日常的理知の世界とは異なる領域がある。いずれにしても「真我」の「我」が「アラヤ識」であるというところから、法蔵菩薩とアラヤ識の関係についての手がかりをやっと得たことになる。

ところで次の文章を読むと、『唯識三十頌』に対する曽我の態度が並々ならぬものであることが感じ取られる。

此阿頼耶識は理想の自我でなく、最も深痛なる現実の自我である。（中略）今や正しく久遠の自我に触るゝ時、人生は唯業繋である、千歳の黒闇である。（同前）

と言われている。誤魔化しようのない自己自身の闇の事実を認めていることになるのではないか。その「真我」について完全に無知であった。真我の自覚において翌年に「地上の救主」が『精神界』に発表される。その十三年後に『如来表現』の講演がなされたことを松原が克明に述べてくれている。それらの記述についての記憶も私には何もない。

「法蔵菩薩をアラヤ識と見た過ち（要約）」という、『真宗の往生論』（二四九頁）で言われている重要な論点について、詳細は後に述べるが、要を言えば「真我」が「アラヤ識」であるという曽我の言わんとするところは、「法蔵菩薩」と「アラヤ識」が合致することについての感得も含まれていると思う。文字の上つらを見た程度であった私では曽我の文章は理解できないということである。すなわちここでの「アラヤ識」は『成唯識論』を「身をもって読んだ」という述懐の示している通り、マナ識に支えられてはたらく第六意識の日常的あり方である。くり返し引用するが、

夢の如き浅き人生の表面に酔ひつゝある間には人生には光明もある。しかるに今や正しく久遠の自我に触るゝ時、人生は唯業繋である、千歳の黒闇である。（同前）

この指摘がわれわれの何を言い当てているのか。その真意を何ら確かめることなしに、真我のアラヤ識を論ずることなどできるはずもない。視点が完全に異なってしまうことになる。すなわち、四煩悩具足の主体である我執の「我」がそれを生み出した「アラヤ識」

と同じであるというところにまで深められなければならないからである。
ちなみに、「久遠の宗教」は単独で書かれたものではない。二ヶ月前『精神界』に発表された「他力は胸より湧く」と密接な関係がある。

他力救済の源泉は遙遠なり。（中略）遙に彼岸なる他力光明を憧憬し、専ら未来の救済を希求するの一手段なりと心得居るものがある。（中略）親鸞聖人の教を聞ても、徒に文字の皮相に拘泥して深き内観実験の眼を欠いたならば浄土余流となる（中略）単なる来世希求の浄土教は現在の人生に於て何等の確証を握らず、（中略）抑も衆生救済の本願を念じつゝ、而も未だ救はれざるは何の故である乎。その念想せる本願が現実の御本願でなく、空虚なる憧憬希願の対象であるからである。彼等の希願が現実の確証なきが為である。而してその現実の確証なき真実信心の欠けたるが為である。願の対象は未来にあり、信の対象は現在にある。願の対象は客観に在り、信の対象は主観に在る。未来の往生浄土や、浄土の教主なる如来は直接なる信の対象ではなく、正しく願の対象に過ぎぬ。正しく信の親証、実験の対象は自己の主観中の本願力と現在的救済とあるばかりである。

（「他力は胸より湧く」選集巻二、三五九〜三六一頁）

すなわち、「本願力」である「他力」の意味するところは果てしない深みにある。そのためた簡単にわかるものではない。それを明らかにするために具体的な事例を通して考えてみると、死後の浄土に憧れ、そこでの安らぎを求める者がいる。だが、真宗の門流と言いながら文字面だけで浄土や他力を見てしまっているのではないか。実際の経験上の視点を欠いているために、自分の外に浄土や他力を予想しているのであろう。それでは法然門下の余流の発想になる。現実の人生においてその予想期待が実現するという確証はどこにもないからである。

如来はその他力でわれわれ衆生を必ず救うと言ってみても、実際には救われていないのが現在の自分ではないか。予想された「本願力」は真の「本願」ではない。空しい憧憬の対象になっているだけである。確かな証拠もないところでどれだけ希求しても無駄である。その確証はどこにあるかと言えば「真実の信心」である。偽の仮令の本願は必ず客観化され、ただの未来になる。信の対象は「現在」であり「主体」である。直接的な信の対象である「如来」に「遇う」しかない。正しく「信の親証、実験の対象は自己の主観中の本願力と現在的救済とあるばかりである」と言う。「自己の主観中の本願力」とはどういうことか。ここがポイントになる。その本願力が真にわれわれを救うからである。われわれ自身の「主観」と言われているもの、それが「アラヤ識」であり「真我」である。それが「久遠の宗教」の主題であった。

では、「他力」とはどういうことか。まず気づかされたのは、われわれが「他力」と一般的な意味で用いる語は、

汝の他力は、無力の概念である。（同前三六三頁）

と言われているところであった。その理由は「救済の能力がない」と言う。実際に力を発起できなければ、まさに無力である。簡単明瞭なことである。ゆえに「他力の名字は如来にありては利他の力」（同前）とあるが、事実として他を利する力でなければ他力ではない。それが如来に属する力のことだと言うのである。したがって「我々が親しく自己の胸中に如来利他の力を実験した時にのみ意味」（同前）があると言う。この説は、具体的にどういうことなのか考えさせられた。「法蔵菩薩の発見」につながっていることは予想できたが、最初は何のことか理解に苦しんだのが実際であった。

続いて、「他力は唯我々の主観の自覚にのみ存する。（中略）主観上の他力救済の念に救

はる」のである。「我等の実験する所は唯現在救済の信念ばかりである。此信念が則ち唯一の救済である、唯一の他力である。他力は外より来らずして胸より湧く」（同前）と言われている。甚だ難解である。実験というので曽我の実際の経験上のことであることは認めざるをえない。しかし、それを私の経験していることの何処で確かめればいいのかが判然としない状態であった。ただ救済されたという信念が、自己自身の主観というところでの「真我」の上で成り立ったということは何となくわかった。それが他力によることで、その他力は外からではなく自分の胸より湧いたという現在の事実であると言っていることだけは了解できた。

誠に信念の外に名号なく、名号の外に本願なく、本願の外に如来はない。而して信念が直接に接触する所信の境界は唯名号の一つである。（同前）

と言われている。ここがこの「他力論」の要であると思われた。続いて、

此名号は如来の本願が我々衆生に回向発現せる唯一の実在である。（同前三六三～三六四頁）

とあるからである。名号がなければわれわれは本願に出遇うことはできない。また信念が

成り立つこともない。その「名号」は、

遂に我祖聖に依り、始めて我等の主観の胸中に現はれたる親しき救済主であるとせられた。（中略）静に我胸中に問へ、平生業成、現生不退（中略）此等の叫は唯「如来は我胸に在り」との一語に尽くるではない乎。（中略）静に自己の胸中に現在の救済主を念じつゝ勇健に与へられたる人生を享受し、罪業と仏恩とを併せ実験しつゝ、何時にても如来の招喚に応ずるは在家為本の真宗の生活である。（同前三六四頁）

翌大正二年七月刊の『精神界』に発表された「地上の救主」の「如来我となりて、我を救い給う」（選集巻二、四〇八頁）の感得こそ「他力は我胸に在り」の胸が、「胸底・我脚下より起りしことを示すもの」であろう。「彼の御声は各人の苦悩の闇黒の胸裏より起った」に通底していると思われた。

# 第二章　自覚する自体相と自証

## 第一節　自覚する自体相

曽我の言う「自体相」とは何かといえば、「阿頼耶の自覚相であります」とある。「自覚意識そのものであり（中略）自覚の原理そのものの自覚意識」（『如来表現』選集巻五、一六二頁）というものは普通にわれわれが用いている常識的な自覚とは全く異なると見なければならぬ。ゆえに「流転生死を感ずる業の原理となり、（中略）悟りの自覚の原理、道程となる。（中略）原理を証知する原理が即ち此の悟りの原理」（同前）であるということで、迷ふ所の阿頼耶識の道程を吾々が本当に知るといふ事、それが詰り悟りの道程である。（中略）どういふ進路道程といふものを通つて迷つてきたのであるか、夫は阿頼耶識の恒転如暴流の絵巻物に感識せられてある。この識そのものを静かに逆に内に辿つて行つて、そこに吾吾の還滅の道程が昭々として影現し来るのであります。

（同前一六三頁）

と言っている。「一切の自覚を総合せる根本的自覚識」が「アラヤ識」であるとも言う。

何度読んでも何を言っているのかわからなかったところであったが、『唯識三十頌』でよく知られている「恒転如暴流」は絵巻物になっていて、そこに「感識」されているというところに曽我の独特の思索の深さが感じられた。しかも識のあり方によって、そのことは万人に知られると言っている。比喩的な表現であり、その意味を絵巻物という象徴的な形で言っているので、なおさらわからないとも言えたのであるが、逆に言えば曽我に見えている具象的な事実は、われわれも通常経験することなのであろう。その感触の得られた一例である。

それにしても続いて言われている次の文にも悩まされた。

阿頼耶識こそは、あらゆる意識をして内に自証意識たらしむる所の最も直接なる最高総合の原理意識であり、一切の意識をして自我の意識たらしむる究極的体験である。

（同前一六四頁）

というところである。通常われわれはものを意識的に考えることによって生きていることはわかっている。しかし、それらのさまざまな意識を「内に自証意識たらしむる」直接的で最高な「原理意識」と言われても、何のことか見当もつかない状態であった。ただ、「自証意識たらしむる」はたらきが直接的なあり方であるのに対して、必ずものを対象化して、間接的にしか見ていないのがわれわれであるという現実はわかった。そのことを直接的に知らしめる証明能力を言うのかもしれないということは、何となく了解できたとも言える。同時に『唯識論』を読むといっても「其の木版か活字の文字にとらはれず、其の中に表現せられて居る所のその意味を求めて見」ると「阿頼耶の自相」は「諸識を内に総合して各自に自覚あらしむる所の自覚全体である」とあり、それは「人格的組織体系であり、体験でありまして、一つの大いなる全体としての自覚的組織である」と言われているところが中核を指しているように思われた。それは、

具体的なものでありまして、具体的体験それ自体、即ち経験体でありとも言われている。（同前）

具体的な体験であり、経験であるというそのことが、難解極まりないのである。文章・文字として私の目の前にある「自覚」「自証」とどう結びつくのか。

具体的な体験・経験と一見抽象的にしか見えない自覚・自証が直接的に関係しあう手がかりは、さしあたっての私には何もなかった。しかし、それにもかかわらず、曽我の言うことはわからないのであるから、その「考察が調和を欠き粗雑である」、「その論述は不調和で不合理なもの」（『真宗の』二五五頁）、「相当無理な牽強付会の論理であった」（同前二五六頁）と決めつけることはできなかった。

それは、ケチで短気な俗物そのものとしてしか永い間見えなかった我が父が、事実その通りの業の深い凡愚であったにもかかわらず、自らの業と煩悩を自覚し、かつ無類の忍耐力に支えられていたのかもしれないと気づかされたからである。それにしても父はあわれな男であり、孤独そのものの人生であった。しかし、四十歳前後で『本願の仏地』を入手して読み、それに感銘しているところもあった。各処に赤線が引かれていてその証拠を確認させられたことがあったのである。この書が曽我量深選集巻五では『如来表現』の次に載せられている重要な講話であることも後に知るのである。とにかく、そのような経験の中でワラ半紙の『歎異抄聴記』の初版本をはじめとして、何冊かの曽我の講話と布教用の説教本を残してくれていた。何ら読むことを勧めることもなく、ただ江戸古典落語「寿限無」の名前を暗記せよとだけ言って、「五劫のすりきれ」の法蔵菩薩に出会わせてくれた。言葉では言い尽くせない、ある深い父の本願を感じさせられたことであった。このことを手がかりとして私の了解したところを述べる。

曽我師の三心と三相に関する解釈は、（中略）欲生に重点を置いて、それを三相の因相と関係づけようとするところに師の阿頼耶識理解の特徴がある。（同前二五四頁）

と言う。ほぼ結論として述べられているところの小谷の理解は完全な誤りであると言える。

至心信楽に始めなし。欲生が始めなり。（『歎異抄聴記』選集巻六、四二頁）

というのは、「至心」から始まるとする旧来の三心観に対して、「欲生」が始めであるという曽我の画期的見解の提示である。つまり、欲生だけに重点が置かれているのではない。三相全体である。中でも「至心・信楽・欲生」で、自相と言われる「信楽」にはかなりの頁数をかけて詳細な論考がなされている。実際に『如来表現』に当たってみれば一目瞭然である。本願の三心は、それぞれに重要な意味を語っているのである。その意味を掘り起こしていく曽我の思索の強靭さにはしばしば圧倒されたことであった。ゆえに、

師は欲生を衆生の理想的要求と解し、それを阿頼耶識の因相である種子識に対応する

ものと解釈された結果、「法蔵菩薩は阿頼耶識なり」という有名な教説が誕生することになった。（『真宗の』二五四頁）

というのも、彼の思惟の安直さの露呈である。そもそも「衆生の理想的要求」とはどういうことなのか。それが相続執持位としての種子である一切法を生み出す内因力であると言うならば、その力の主体である自相としての「信楽」のアラヤ識自体の自覚力に支えられなければ不可能であろう。ゆえに因相だけで「法蔵菩薩は阿頼耶識」が生まれたなどと言うのはとんでもない虚説になる。その意味では因相としての種子といっても、自相を体とするアラヤ識のはたらきの一面を示しているだけである。同時に果相としての「至心」もアラヤ識によって成り立っている。それが曽我の言っていることである。ゆえに、

曽我師の解釈が欲生と因相との関係に比重が置かれ過ぎている。（同前二五四〜二五五頁）

と言うのは、そのようにしか理解できない小谷の解釈の不充分さを示している。また、「調和を欠いている」というのも全く当たらない。その点を曽我の文章に則して、できるだけ具体的に論証する。

アラヤ識と法蔵菩薩との関係を明らかにするについての難解極まりない内容との格闘が

私には必要であった。その繋がりを納得するためにたいへんな目に遭ったのである。その経験を踏まえながら、曽我の言うところを解読するしかなかった。そのような状況のもとでわずかな糸口を見つけたにすぎない。ところが、その糸口が思いもかけないアラヤ識の深層を気づかせてくれたのである。したがって小谷説の『阿毘達磨大乗経』の「無始時来界」の偈文によって曽我はこの問題を見ているとの説には賛同できない。もちろん無関係とは言えない。しかし、曽我の言うところはその視点ではない。あくまでも『唯識三十頌』および『成唯識論』を読み込んだところで「感識」されたことである。この場合の「感識」は「感招」とか「感得」とも言われるが、日常的な理知の判断力で意識するのではない。全く異質としか言いようのない前代未聞の発想、すなわち「感識」で見ているのである。そのために未だかつて「唯識」を次のように見た者は誰一人としていなかったといえる文章が残されたのだと思う。

　我々は天親論主最後の著作なる『唯識三十頌』を以て師が久遠の秘密の告白と観るものである。（中略）師の衷心の懺悔が『唯識三十頌』一部である。

（『久遠の宗教』三六七頁）

したがって、平川論文によって珍説・奇説と酷評されたのも無理のないことかもしれない。それほどここでの「自覚の原理そのものの自覚意識」は簡単な話ではないのである。つまり、アラヤ識の自相が自覚相であるというのは、「自体」が自覚相であるという意味である。そうすると

自体といふものがあつて固定したものである、かういう風に聞えるのでありますが、さうでは無い。私自らも前には長い間さういふものだと思つて居つた（中略）自体相と云つて相といふものが別にある訳でない。（中略）阿頼耶の自覚相であります。

（『如来表現』選集巻五、一六二頁）

と言う。そして、

阿頼耶の自相、即ち自体相、自覚相、自我相、一切の自覚を総合せる根本自覚識、さういふ所に一番根拠があると思ふ

（同前一六三頁）

と言う。「万法を総合する」とか「全体系を包む意識の蔵である」とも言うが、すべてを包み総合する根本的な意識としてのアラヤ識ということになれば、そのアラヤ識は普通にわれわれがものを自覚するとかしないとか言っている自覚とは異なることになる。すなわ

ち、

阿頼耶識こそは、あらゆる意識をして内に自証意識たらしめる所の最も直接なる最高総合の原理意識であり、一切の意識をして自我の意識たらしむる究極的体験である。

（同前一六四頁）

と言う。この文章をどう読むかとなれば、私の日常において自我とか自覚とか言ったり、また意識しているその自我も自覚もアラヤ識に包まれている個々のあり方だと言うのである。それらの意識を全体として包摂している直接的に総合する原理意識が最高のアラヤ識である。このアラヤ識はあらゆる意識を「内に自証意識たらしめる」はたらきをなしている。この点が重要な指摘であると思われた。ただし内面的にか、内面化しながら自証意識たらしめるというのはどういうことか。その端緒を摑むことは本当に困難を極めた。その難関を突破するためのヒントは「自覚は自証である」というところであった。それが手がかりとなって、まさに「自体」であるものが「自覚」されることによって「自己証明」が成り立つ。その意味がやっと了解できたと、今はしておく。

抽象的に見ゆる部分的感覚も、夫れが感覚たり得る所以は、夫れが実は全体的であるからである。（中略）その全体的感覚を『唯識論』では異熟識と名づけるのである。

（同前一七六頁）

と言う。続いて、

今や異熟が真に異熟意識に到達した時、則ち異熟がその極限に達した時、異熟識は異熟を超越して清浄真実の智光を開いて一切衆生を摂取し、（中略）其の果を異熟する所の具体的なる異熟意識の原理といふものを小乗仏教の人は知らない。それを求め求めて遂に阿頼耶識に到達しました。此の阿頼耶識が異熟識即ち異熟の原理の体であつて、異熟を異熟せしめ、又異熟を意識する所の意識、即ち感覚の主観、感覚の原理である。

（同前一七七頁）

と述べている。この説の謎を解くための私の了解は、次の曽我の文章が手がかりであった。『唯識論』の中には大きな字で一枚ばかりの所に大体の三相の事が書いてあるのであつて、ほんの一口づゝ云つてあるだけであるからして、一体どういふ意嚮で書いてあるのか訳が容易に解らぬ。中には何の事を云つてあるのか解らぬのでありまして、殊に私は頭が悪いから余計はつきりしない。（中略）解らんから一層之を自分に解らせようと真剣に努力して行かうと願ふ。私はこれを解らせることをもつて生命として居るのであるから、之が解らない間は永遠に死ねない、此妄執の裡に阿頼耶の切々たる招喚の声を聞く。（同前一六六頁）

経文の三心の文字の講釈なんかそんな間接の仕事を親鸞はして居らんのであります。だから本当に親鸞聖人が講釈して居られるのは経文にある文字の講釈ではなくて、具体的なる斯の心のさながらの論理的展開である。斯の心を推し極め、斯の自覚の一心、所謂形式的分析の論理ではありません。此の体験の一心、体験の論理的道程を推して行つて斯の心と云つて居るのであります。（同前一七二頁）

要点を言えば、「極限」というのは『末燈鈔』の言う「大乗のなかの至極」（聖典六〇一頁）や『教行信証』「教巻」の「如来の本願を説きて、経の宗致とす」（聖典一五二頁）の「至極」や「宗致」に当たると思われる。究極的なあり方である。そこへ向かって求めていくということなので異熟で言えば、それが異熟意識に達した時に、その原理の体がアラヤ識であるということになる。その原理の体によって、異熟は異熟であることを知ることができる。そのことを感覚する主観の原理が、単なる異熟を超越して、智光を開いて衆生を摂取する。その具体的な自覚の道程が全体的・総合的に自覚されたところでアラヤ識に到達したことになるというのである。具体的で生命力溢れる真実の信心の「斯の心」の論理的な展開である。「自覚の一心」に立つのである。そこを推し極めなければならない。それはあくまでも体験の論理的道程をたどる方法であり、形式的な分析の論理ではないと言われている。身につまされる指摘であると思われた。

なお、後に触れることになるが、最後に示される小乗仏教に対する厳しい指摘は、どこかにその立場の者がいるというのではなく、われわれの体質の中に潜んでいる要素のことであると思われた。部分的にしかものを見ることができず、全体的に見るとはどういうことか全くわかっていないというのである。自覚・無自覚も同じである。全体として感覚されているか否か。ものの本質を矮小化してしまう。その立場が小乗であり、外道として批判されるというのが次の展開であるが、批判するものはアラヤ識であるという点は何となくわかった。アラヤ識に立ち帰ることなしに、いわゆる頭だけの「日ごろのこころ」で何を言っても話にならないということである。日常的な理知の分別ですむことではないということは納得せざるをえなかった。

次に言われている、親鸞は文字の講釈などしていないという説には驚いた。解釈とか講釈と言ってまことしやかな論説をふりまわす、したり顔の論者はいくらでもいるであろう。しかし、それらはすべて間接的な言葉遊びにすぎない。

このことは経や論の文字面だけを見てもわかることではない。そのことをわかるために「生命」をかけたので、わからなければ「永久に死ねない」と言う。その妄執のうちで「阿頼耶の切々たる招喚の声を聞く」との表白からは、言葉では言い表せない何ものかが感じられた。「本願招喚の勅命」（『教行信証』「行巻」、聖典一七七頁）が「アラヤ識の招喚の声」と一体となって曽我に聞こえているという具体的な体験の事実を語っていると了解したのである。しかし、私の具体的な体験となると、この文章の奥行きの深さは何となくわかっても、文字面をただ眺めている自分が現にいるという事実でしかないことは明確であった。

感識の自覚において事柄が見られているか。その点が曖昧なままで見ているだけならば、因果の法則における業果の問題といっても、単なる物理的法則にすぎないことになる。主観的抽象的な感情に堕しているだけであり、自覚意識には全く関係ないと言われている。

アラヤ識に到達するということは、それらの抽象性を離れた具体的な体験におけることであった。その意味で曽我の唯識についての私の理解したところを一応述べたのであるが、ただ、現に生きている事実の動きであることは少しばかり感触を得たにすぎない。明確な「自覚」については、この時点では肝心要のところが曖昧なままである。

## 第二節　自証する全体的な自覚

曽我唯識の謎を解く鍵の一つは「自証」にあると思われる。その一例を『如来表現』（選集巻五、一七〇頁）で言えば、「涅槃の真因はただ信心をもつてす」（『教行信証』「信巻」、聖典二二三頁）について、「涅槃の真因」のところに「動かない必然の自証を喚起して居るのである」と言うからである。信楽・信心についての思索に関してのことであるが、その「信心が成立する」ためには、「何が先験せられねばならぬであらうか」と問い、「念仏する」ということと「浄土に往生する」ということの間に「云何にして一点の疑をも容れ得ざる共通的必然の関係があるのであらうか」と、甚だ重要な問題を提起している。この問いには私も散々悩まされた強烈な記憶がある。したがって、身につまされる思いで曽我の言わんとするところに耳を傾けたのである。かつて「念仏したぐらいで、浄土に往生することなどできるはずがない」と思い込んでいた私にとっては、曽我の貴重な示唆を多少とも嗅ぎ取る手がかりを与えられたところであった。ゆえに、続いて「信心の智慧を明瞭にして、信心そのものを自証内観せねばならぬ」とあるところに強く興味を引かれたのである。信心そのものを自証内観するとはどういうことか。信心を内観するというなら常識的知見としてわからぬではない。だが、自証し内観するというのは、重層的に深く掘り下げなければならないと思われた。ではどうすればいいのか簡単にはわからなかったところである。

その点について曽我は「「信心の信心」に証入せねばならぬ」と言う。奇妙な言い方に見えぬこともない。しかし、そうではない。文字によってしかものを表現する方法のないわれわれにとって、その文字を駆使してその語の深い内面に迫ろうとすれば、このような言い方も時には必要であろう。曽我の苦心が私にも充分納得できたところであった。ゆえに、ここでの「念仏往生の信心」という事実としての信は、「信心成仏の信」という「先験的原理の信証に依って完全に成立する」という結論になる。その意味が多少了解できたところである。

そして「願往生心」について、「超越的原理なる信心に事実的なる念仏の内容を与へ、超越的信をして表現の信たらしむるものであります」と言われているところが手がかりになった。「信心の信心」の二重構造が少し見えたところである。具体的に現れている信心と、その自証としての超越的信心とは異なる面があるということである。

この点を明瞭に「自覚」するという場合、われわれの常識ともなっている日常的意識で考えるのでは駄目であると言われている。この点は私にとっても大いなる刺激となった。いわゆる「聞法」・「聞名」の「聞」について、「耳で聞くのではなく、毛孔で聞く」というのは、よく耳にする言葉であるが、その意味は簡単に理解できることではない。曽我の言い方としては『歎異抄聴記』の例を『曽我教学』(二二九〜三〇〇頁)で紹介しておいたが、ここでの例として挙げる次の言葉は、私にとって鮮明な印象を与えられたものであった。「一切群生海」について、

個々別々にこんな肉体がある、手が何本ある、外的にそんなものをおさへて寄せ集め

て云つて居るのでは無い。もつともつと内面化した、もつともつと生き生きとして居る所の、全体に貫通して血の流れて居る叫び声そのものをつかまへて、吾々の散乱麤動して、殆ど八万四千の感覚意識が群り起る、其の感覚意識其のもの丶直接の声を聞き、我が全身の叫を聞いて、それを其の儘直写したものであります。

（『如来表現』選集巻五、一七九頁）

と言う。意味深長な表現である。その内容を自覚と自証の関係として言えば、自分が「今」、現に生きていることを自覚した場合のことになる。その自覚知が正しいか間違っているか不安になって、他の人に証明してもらいたいなどという人はいないであろう。自覚したそのことに自証が含まれているために「他に依る必要がなくなる」、それが自覚のはたらきである。自己証明が自覚において確かめられているのである。主体が自覚された場合というのは、そのことではないか。曽我の言うところがその意味であるとなれば、ブッダの「自内証」も、ブッダ自身において自覚されたことである。その意味での覚者である。それ自体で内証と一体化しているのである。この点を「所縁行相門」の四分説で言えば、自体分が自証分であり、それがアラヤ識の認識である。それに対して第六意識の見分はただの浅いはたらきにすぎない。厳然たる違いが浮き上がってくる。見分はただの小間使いに譬えられている。認識に対して責任をとることなどできないのである。

曽我が時に強調する「全体的」「総合的」に「見る・感覚する」とはどういうことなのか、改めて気づかされたことがある。というのは『如来表現』を読むと言いながら、この視点については完全に欠落していると思われるところが私にはあったからである。その例を具体的に示すならば、「至心は宗教的体験の果相」（同前一七三頁）の項で言われている曽我の意図を捉え切れていなかったのである。

つまり、曽我の言わんとするところは、「至心」は「異熟識」としての「果相」であることを比類ない観点で証明しているのであるが、その意味を私は理解できなかったと言える。

一切の群生海、無始よりこのかた乃至今日今時に至るまで、穢悪汚染にして清浄の心なし。虚仮諂偽にして真実の心なし。（『教行信証』「信巻」、聖典二二五頁）

とある「三一問答」について、独特の解釈をなしているところを読めていなかったのである。ここでの「群生海」は衆生海であり、「感覚意識と称すべきものである」（『如来表現』

選集巻五、一七四頁）と言う。

群生海が感覚意識のことであるというのは『成唯識論』に立ってアラヤ識を考える曽我の真骨頂を示している。「唯識」の視点で見るので「眼・耳・鼻・舌・身と意識の六識」とその対象である「色・声・香・味・触・法の六境」、それらの依り処である六根を合わせて、それが衆生海であり、感覚意識の群であると言うのである。ゆえに、

我々は内には六根なる有機体を全体的に感覚し、外には六境なる無機体を全体的に感覚する。是れ則ち有機感覚、無機感覚なるものである。私共の感覚意識は寧ろ生理的物理的である。（同前）

との説になる。

ここで問題になっているのは、われわれの日常的な感覚世界のことである。対象を見る立場である。眼でいえば眼識である。直接的に色・形あるものを見ている。見られているものが「境」である。通常は見るものと見られるもの、識と境の対応関係ですむように思われる。だが、『成唯識論』の場合は特に「根」という機能が重視される。五感の直接経験される領域に五根が内なる依り処として見出されたのである。曽我の言う「内には六根

なる有機体を全体的に感覚し、外には六境なる無機体を全体的に感覚する」という、われわれの現実の状況のことである。それが「生理的物理的である」というのは、全体的総合的に「根」を依り処として見たり聞いたりなどする身体感覚が成り立っているためである。「生理的物理的」とここで言われる所以である。その根拠は『成唯識論』（巻二、新導二七頁）の説なので、アラヤ識について言うところを見ると、その内容は「器世間」と「種子」と「有根身」と言われている。いま「内容」と言ったのは、対象となりその作用を現すことを「所縁行相門」で解説するからである。

「器世間」は「環境」のことである。われわれの住んでいる場所である。「種子」は難しい内容もからんでいるが、「あらゆる可能性」としておく。そして「有根身」であるが、これが最大の問題である。簡単に言えば私自身という場合の私の「身」のことである。現に生きている自分自身の「自身」がアラヤ識であると言うのである。ちなみに、有根身の「根」は『仏教学辞典』では、

眼等の五根はまさしく感覚作用を司る勝義根（神経に相当する内部器官で切開しても眼では見えない）と、それを扶助する扶塵根（眼球・鼓膜等の外部器官で血肉で出来ている）とに

分けられるが、有部では勝義根だけが五根であるとする。（↓五根①）

（『仏教学辞典』一四一頁、法蔵館）

と解説されている。「五根」の項では、

扶塵根とは眼の球・耳の穴・鼻ばしら等のように血肉で出来ている根で対象をとらえる勝れた力はないが、勝義根を扶けて識を起こさしめるもので、普通五官というのがそれである。勝義根とは肉体の内部にあって肉眼では見えないが、まさしく対境を取はたらきをなすものであつて、きよらかで非常に勝れた四大種から成つている。しかし有部では勝義根だけが五根であるとする。

（同前一二八頁）

とあって、この解説が有部の立場によっていることを示している。すなわち「根」の項で、勝義根は神経に相当する内部器官であると考えている。しかし、それを「切開しても眼では見えない」とあるところが面白いと思った。神経ならば見えるはずだが、見えない神経もあるというところが問題である。それに対して扶塵根は外部器官で血肉でできている部分で、有部では勝義根だけが「根」であり、扶塵根は根の作用はなく、対象となる外的なものだというのであろう。

ゆえに五根の項では、対象をとらえる勝義根が勝れた力を発起するのであり、扶塵根は勝義根を扶けるはたらきをなしている五官のこととする。勝義根は「きよらかで非常に勝れた四大種から成っている」と言う。興味深い解釈であるが、医学生理学的に言うとどういうことか。その点は明確に言えないように思う。有部の考えるところは「三世実有、法体恒有」説なので、勝義根も法体として存在しているというのであろうが、ではどういうはたらきかとなると曖昧になるのである。

それに対して、大乗である唯識は「扶塵根」が神経系統のはたらきをなしているもので「根」であると考える。扶塵と言われたのは微塵とか極微と言われる微細な粒子を言うので、今で言えば細胞の連鎖を扶けるはたらきと考えていたようである。ゆえにその細胞の連鎖の上に成り立っている勝義根は、実際に「見えている」という「見えるはたらき」のことになる。ところがそのはたらきは誰にも見えないために、有部では解剖しても見えないと考えたようである。

いずれにしても、ものを真に見るためには、見えないところがあることによって、見るはたらきが成立するという驚くべき発見をなしているのが大乗仏教である。なぜこのようなことが問われることになったかと言えば、アラヤ識の行相、所縁が有根身であるという場合にも、そのアラヤ識は誰にも見えないものだからである。曽我はその点がよく解っていたので、その視点で語っているのである。ところが、その意味を私はどうしても理解できていなかった。完全に意味不明なところであった。

## 第三章　「三世実有説」の立場

有部の立場では三世は実在しているのであるから、未来も実在である。死後の浄土が実在することになるのは当然である。その根拠は、法体は恒に有るという考え方である。現象としては流れているように見えるが、それは見えるだけで、それ自体は動くことのない点のような自性を想定してのことである。あたかもすでに述べた丸山説のディジタル的視点である。すべてを無数の点に分析してそれを流しているだけである。ゆえにわれわれの目には鮮明に見えて便利であるが、生きている流れとしてのアナログではない。ディジタ

ル的視点は曽我のアラヤ識ではないので、『如来表現』で言えば、

薩婆多有部といふ学派であつて、三世実有法体恒有といふようなことを云って居る。

（『如来表現』選集巻五、一八七頁）

とし、続いて克明な有部の考え方を紹介している。そしてその、

考へ方は非常に精密な論理を有し、説明も巧妙をきはめ、常識では無理に思はれるが、変化の中に統一を有する経験事象を説明するものとしては、随分深く考へたものと思ふのであります。

（同前一八八頁）

と言う。ある意味での評価を与えている。しかし、

純粋に識の現行に立脚するものはさういふやうに考へないのであります。（中略）唯識の立場の上に於きましては、直接なる存在は識の外に何物もない。純粋意識といふものの外に何物もない。かういふやうに私は云ふのであります。

（同前）

と述べている。

この曽我の立場を別の箇処で確かめると、有部は小乗仏教になるので、次のような文章が注目される。

小乗仏教に於ける業果の因果は単に主観的抽象的なる苦楽の感情に外ならない。（中略）それは自覚意識に何等の関係もない、単なる物理的因果の法則に過ぎぬであらう。（同前一七六頁）

小乗仏教の業といふものは全然無自覚の抽象的理法であつて、それは全然超意識的なる形而上学的実体である。（中略）小乗仏教の人は業といふものを単なる個人意志の上に立て、全体的なる根本意識の上に立つるを知らず、随つて業なるものは徒に単なる部分的苦楽感覚から反省して、全く現在の自覚を離れて業を独断仮説するのでありま す。（同前一七八頁）

一見しただけでわかるとは言えないところもある。そこで、私の了解をできるだけ自分の納得できる言い方で述べると次のようになる。

小乗仏教では有部が中心であるから、すべてを点として見る。一切法の法体を自性として見るので、見る立場も部分的になり、見られる対象も部分的になる。矮小化されるとともに固定化される。それに対して大乗の唯識観は有機的な生きている事実における全体的な「意識」のところで見るのである。ゆえに生きている自覚の感覚を離れることはない。

小乗はその感覚を抽象化し実体化するので「主観的抽象的」「感情」になってしまう。「単なる物理的因果の法則に過ぎぬ」というのは、単に紙の上に画かれた説明にすぎないということである。生の事実ではないという指摘である。

また、小乗仏教で見ているすべてのものは「無自覚の抽象的理法」であって、「超意識的なる形而上学的実体である」というのは、曽我独特の表現とも言えるが、何度読んでもわからなかったところであった。この小乗の人とか考え方に対して、曽我の言う大乗唯識の意味がやっと多少の手がかりとして感じられたのは最近のことである。ゆえに何度でも繰り返し確認する方法で述べるしかないとも言える。

そこで何を確かめるかといえば、自覚が生きている事実の体験における感覚であり、その意識の流れて止むことのない「ココロ」の実際であると言っている点である。したがってその事実から超出してしまった単なる言葉だけの世界とか、絵に画かれたご馳走のようなものではないということである。動いて止まないのが事実である。それとは異なる世界は、すべて「抽象的理法」であり、「形而上学的実体」だと言うのである。やっと曽我の言わんとするところの端緒に触れたところであった。

要するに曽我の言うアラヤ識は生きている全体として、あらゆるものを中に包んでいる生命の流れのことである。それは生きている限り転変して止むことのない流れである。止めて考えるしか能のないわれわれの第六意識から言えば、アラヤ識の全体を察知することなど不可能となるのは当たり前のことであった。したがって「小乗仏教の人は」「単なる個人意志の上に立って」いると言うのは、第六意識でしかものを見ていないということである。「全体的なる根本意識」は第八アラヤ識であるから、そこに立って見ていないことになる。その場合の重要なポイントが「現在の自覚」である。自覚し自証するという識の根本的なはたらきである。無限に深くまた「大きな自覚」「大きな意識」すべてを「一貫総合する久遠の自覚意識」（同前）とも言われているが、そのように言うことのできる大いなるアラヤ識のことである。

性来の鈍根のためにたいへんな目に遭ったことは事実であるが、その底下の凡愚にもかかわらず、曽我の言わんとするところの大海の水に対する一滴の手がかりを感じられたのは幸いであった。ところが、ここで新たな問題が起こる。次のものである。

# 第四章　現行一刹那の事実

## 第一節　刹那の現行の意味

「現行一刹那」という曽我の感得について再度確かめる。アラヤ識もマナ識でも一瞬の事実であることはすでに何度も触れた。しかも誰にも見えない「勝義根」の作用であることも記した。ところが、われわれにはその文字しか見えないのであった。「指月の譬」の如く、指は月でないのである。ただし、月を指し示していることは確かなので、そこの飛躍への転換が必要になる。識の転変にかかわる回心のところである。猪突猛進型の思考では解決できないのは当然である。

「無常」がブッダの自覚の原点であった。一瞬の連続であるために、それ自体を見ることはできなかった。文字で表すしかないので、生の無常ではない。どうすればいいのか。

頭で考える方法を一時停止して「身」で感じ取ればいいということになる。われわれは事実を感ずることができるからである。それが時の問題であり、「今」「ここ」になる。「真如」の感得である。法性法身と方便法身の関係である。それがやっとのことで納得せざるをえないことになった。そのヒントが「現行一刹那」の実際的なあり方で示されているのである。ただし、この語も『成唯識論』にそのままの用語としてあるのではない。

先述した「三法展転因果同時」のところで、現行と種子の関係をいう「現行」について、曽我が独自の発想を加味して言われた用語である。ゆえに、曽我用語の典型である。しかも、『成唯識論』を読んだからといって、アラヤ識の重大な要素が示されているとは誰も気づかなかったところである。

そこで確認すれば、アラヤ識もマナ識も、一瞬の存在でしかなかった。ゆえに、われわれが唯一の依り処としている認知力の第六意識で捉えようとしても不可能となる。捉えた途端に流れていってしまうからである。生のアラヤ識自体を見ることはできないというのは当然である。ただ、言葉で表すことはできる。それしか手段はない。ところがそれは語になったアラヤ識であって、真のアラヤ識ではない。いわば死骸のアラヤ識であって、生きているアラヤ識ではないのである。

では、語のアラヤ識から真のアラヤ識へいかにして転換するか。その手がかりとなるのが『如来表現』の第二講で提起される「時間」について述べられている箇処だと言えよう。たとえば、現在問われている「死後往生」は未来のことである。アラヤ識との関係で見るとそれはどうなるのか。その点が克明に論じられているのが第二講の最初のところである。アラヤの三相を過去・現在・未来という三世に則して見た場合である。

そこで最初に確かめられるのは、「真に存在する事実は現在だけ」（『如来表現』選集巻五、一八六頁）という点である。過去も未来も「唯一存在の現在が現在たらんが為めに内に影現する意味に外ならない」と言う。影現しているだけであって、実際に在るものではないと言うのである。ゆえに因相と果相と言っても、

此の因果の二相は阿頼耶の現在の無限の持続内観的事行の上の二つの意義であって、現在に対する実在ではない。（同前一八六〜一八七頁）

と言われている。つまり、アラヤ識が無限に持続している事実的あり方として現在しているのに対して、因と果の二相は、そのアラヤ識の二種の意味合いを形成しているだけであ

る。いわばそれ自体をもつものではないと言っているのである。

　現在は常に一刹那の現行である。（中略）事実現在として躍動して来るものはたゞ刹那の現在のほかかない。（同前一八七頁）

となる。しかも唯識の立場から言うと、
　直接的なる存在は識の外に何物もない。（中略）意識は是れ直接自証の現行の事実である。（中略）識は識自体が自らを証するものである。すべて宇宙に於いて直接に自らを証明するものは識の事実である。（同前一八八頁）

とする。そして、
　識の識たる所は自証にあるのである。自証自覚の力用の外に何の別体もない。識の識たる所は、自覚的実在である。（中略）徹頭徹尾、自覚を離れて識は無い、自覚のある所に識がある（同前一九〇頁）

と言う。しかも、「万法識であるべし」（同前一九一頁）という以外に何も無いとして、
　此の唯識観の上に於きまして初めて一切の独断妄執を徹底的に排し、経験を如実に批判し、現在有体過未無体、あるものはたゞ現在である。現在は唯根本意識事行の一刹

那であつて、此の刹那現行の識に立つて、過去も未来も識の自証には無いのである。（同前一九一～一九二頁）

現行の現といふ一字を行の字の上に加ふることによりて、一刹那といふ意味が遺憾なく現れて居る。さうして行の文字によつて抽象的理ではなくして具体的事実である、具体経験の事である、（同前一九二頁）

現在刹那といふことを徹底的にうちたてる所の其の原理が阿頼耶識である。それを阿頼耶識の現行と名づけるのであります。但し阿頼耶識の現行と云うて別にあるのではない。阿頼耶識の自証に立つて、翻つて諸の感覚識を見直す時、諸識はそのまゝに阿頼耶の完全円満なる全体的の現行であるといふのである。而して現行の主としての阿頼耶識を現行識と云ふのである。（同前一九二～一九三頁）

種子といふのは詰り現行の因でありまして、所謂現行するものは即ち現行それ自体である、其の現行それ自体といふものが種子であります。所が『唯識論』では、阿頼耶識は諸法即ち諸の感覚意識を綜合する原理であると云ふのである。之に依つて阿頼耶識を種子識と名づける。（同前一九三頁）

唯識といふことは自覚である。自覚だから即ち現在である。現在に於いてのみ自覚といふものがある。意識といふものはたゞ現在に於いてのみある。たゞ現在一刹那の連続より外何物も無いのである。（同前一九四頁）

現在一刹那といふものは、考へられた刹那を云ふのでない。真実の一刹那は考へられるものではない。自証の識が作用する刹那である。直接経験の事実でありまして、従つて此の内に方向を以て進展すること無限なる現在一刹那の阿頼耶の事実といふもの丶中には、自らそこに具体的に過去といふものと未来といふものを綜合して居るのであります。（同前一九五頁）

今や唯識の原理は其の過去を否定し、未来を否定し、たゞ此の現在の刹那の識其のものが無限に内につき進む、そこに所謂限りなく外なる妄想独断を否定し、実在の過去を否定し、実在の未来を否定する所の現在が、同時に無限の過去と無限の未来とを構想して、無限に現行するのであります。即ち無限に直接に内を反省して、則ち無限に内に現行する。それが内から間接に外に反省するので無く、又それが外から内に向つて現行するのではないのであります。現行といふことは、自覚の外から詰り自覚内に

現入するので無うて、内から内に現行するのであります。（同前一九六～一九七頁）

要点を紹介しただけであるが、かなり難解である。しかし、何の手がかりもないとは言えない。かろうじてではあるが、その言わんとするところへのヒントは、すでに述べたところとも関連しながら、われわれの前に開かれている。

## 第二節　「身体」になる「識」

その一つは玄奘訳が新訳として高く評価された訳語の見事さである。したがって通常のレベルで『成唯識論』を読んでいるだけでは、その深い意味を読み取れるものではない。

此の唯識観といふものを徹底した所の人はこれ亦甚だ稀である（同前一九〇頁）

という通りである。

そこで玄奘訳の見事さが証明される。主体である「識」は「身」であると決定したからである。ただし、そのまま「身」と言っているのではない。「根」の機能に支えられて主体と対象が具体的な経験となる。ゆえに「根の有る身」となる。自分自身とわれわれが言う場合の「身」が「有根身」と言われるのはそのためである。このことは私には全く気づけなかったことであった。曽我の読む力量の非凡さに感嘆したのである。

ところで、有根身を明らかにするためには、先にも述べた「根・境・識」の三和合と言われる調和的な関係に注意しなければならない。古訳では「根・塵・識」であったことから、（「境」あるいは「塵」が）対象となるものであることは私にもほぼ了解できた。しかし、その塵を扶けるはたらきと言われても、何のことか全くわからなかった。どうでもいいような、つまらないことが「塵」から受けた印象であった。曽我が「生理学的観点である」（同前一七四頁）とアラヤ識について説明をしているところも、当然何のことか意味不明であった。ところが勝義根について、深浦の『唯識学研究』に、

扶根の肉体たるに対して、神経系統の如き立場に擬すべきものか。（下巻、一九一頁）

との記述のあることに気づかされた。すなわち、現代的に言えば神経系統の作用のことをいう医学生理学的用語であることがやっとわかったのである。

見える神経に対して「勝義根」は、素晴らしい（勝）意味作用（義）のことで、「すぐれたはたらきのこと」と言われている。目なら「見えるはたらき」、耳なら「聞こえるはた

らき」である。『佛教語大辞典（縮刷版）』（中村元、東京書籍）では次のように言う。

四元素が変化してつくられた特殊のものであり、見る・聞くなどの機能を有し、透明清浄で目に見えないが、しかし空間を占有している。これを勝義根ともいう。

（四二四頁）

「空間を占有している」というのは、実際にものが見えているという作用は誰にも見えないばかりでなく、専門医にも見えないのであるが、はたらき自体は確かにあると言うのであろう。「目に見えない」が「ある」と解説しているのだと思う。したがってわれわれは、その誰にも見えないはたらきに支えられてものを見ていることになる。ものが見えるのは、見えないものに依っているからである。それが「畢竟依」であるというならば、宗祖にははっきり見えていたことになるのであろう。

いずれにしても、われわれの生存の基本である前五識の五根（五感＝眼・耳・鼻・舌・身）のすべてがそうであると言う。ここでの身根は数論学派では皮根と言われるという説は納得した。皮膚のことだからである。「根」が重要なのはその意味であることになれば、「識」をアラヤ識として主体とすると言っても、識であるかぎりは心理作用の面からしか見ないことになる。下意識とか無意識と言っても、心理の側面だけが強く出てしまう。すると観念的になる。それを根の身体感覚、自身の「身」のところで感じ取る。そこで実際に経験している事実としての自己に気づくことになる。それがアラヤ識の自覚である。しかもそのあり方は、一瞬の停滞もない流れそのものである。転変の連続である。その転変を全体としてしっかり支えているものも、相続執持位としてのアラヤ識のはたらきである。

つまり、普通の意識現象のように思われる「識」が、識そのものの根元にまで至りついたことによって、「自身」という全体的な身体感覚のところにまで深まったことになるからである。具体的には一応目に見える扶塵根である細胞の連鎖を通すのである。その勝義根という誰にも見えないはたらきを依り処にして、現にものが見えている、聞こえているという経験の事実が「身」の事実として成り立っている。一瞬の現実が「現行一刹那」でしかないことをわれわれに気づかせて、積極的な活力を与えようとする。それがアラヤ識の自証である。「法蔵菩薩は阿頼耶識なり」の感得は、驚くべき事実の発見であったのである。

私はずっと以前に『成唯識論』を読んで、阿頼耶識をいろいろ考えて、それを『大無量寿経』にたいしてみると、阿弥陀仏因位法蔵菩薩という名前が阿頼耶識というものに当るに違いないと、何十年も前の話ですが、自分はそういうふうに感じたのであります。その感じには今も変りはありません。

（『「信の巻」聴記』六九～七〇頁、昭和三八年一〇月一日、第一刷）

見事な懐想であると言えよう。自ら見出した若き日の胸の鼓動のところではたらいていた法蔵菩薩が、「今」も我が心臓をだまって動かしてくださっているとの感慨ではないか。これは能動性の一面である。ただし、そのためには逆方向との対決を避けることはできない。逆方向を示すのは、

二種深信の開顕においては、機の深信が眼目である

（『歎異抄聴記』選集巻六、四〇頁）

と言われているところである。法の深信を眼目にすると、二種深信の義がわからなくなるためである。法の深信は全く助かりようのない者を助けるということだが（五逆罪の者をもその事実を気づかせて助けることを含んでも）、他力の悲願は法だけで成り立っているわけではない。助からない機をまって、その機を助けるのが他力の願力である。そのために機の深信が眼目にならざるをえないのである。大悲の如来は、その大悲ゆえに助かりようのない

私を助けるといってみても、果たしてそうなるかどうか。現在の助かりようのない自己にとっては予想でしかないからである。そうなってほしいという願望にすぎない。

機の自覚とはどうにも手の打ちようのない自己自身の確認である。したがって、アラヤ識について論ずるならば、絵空事の予想を頼りにはできない。一刹那の現行がアラヤ識であり、それが基点である。その中核であるアラヤ識に立ち帰る以外に方法はないと言うのである。その場合にアラヤ識はマナ識とかかわってしまう。マナ識がエゴの中心である。自己主張だけという勝手な我である。どうしようもない惨憺たる我である。その我を離れることのできない我の負の関係において転換が生ずる。「自己否定」の問題になる。凡愚には自己否定はできない。如来のみのなすことである。それがアラヤ識の自覚・自証において成立すると感識したのが曽我である。

## 第三節　否定される「往生」

次に紹介する「往生の否定」についての曽我の言には、アラヤ識の深意を極めた力量の凄まじさがにじみでていると言える。

彼は信楽釈に於て何処までも往生の可能を否定する。往生の否定は何を否定するか。生といふことを否定して不生といふことを云つて居る。往生を否定し否定して、最後に成仏の志願則ち願作仏心にまでもその自覚を推し進めて行かうといふ。此の論理が信楽の否定論理である。往生を否定せずんばやまないのは、安価な化土の往生に満足してはならぬ。どこまでも真実報土の往生を遂げなければならぬ。それにはどこまでも往生を否定しなければならぬ。詰り吾々の疑ひといふものを徹底的に打ち砕き、疑心といふものを否定して信心といふものを徹底せしめるためには、其の信心が安価であつてはならぬ。安価な信心は即ち疑ひである。だからして吾々が信心信心と思つて居るやうな、そんな信心はやはり疑ひである。それ故にどこまでも（中略）其の信心といふものに気をゆるしてはならぬ。吾々が信心と思つて居るそれをどこまでも疑ひとして無限に否定して、（中略）一念一刹那も疑蓋雑ること無し、其の（中略）法蔵菩薩の信行、法蔵菩薩の信心、そこまでつき進んで、信心仏性といふことまでも明かにして行く論理、それが此の信楽釈である。かういふ風にうかゞはれるのであります。

（『如来表現』選集巻五、二〇一～二〇二頁）

吾々は此の往生の要求を成仏の祈願にまで進めなければ、たゞ往生が単に往生といふ所に止つて居るものであるならば大変である。吾々は其の時自覚を離れてしまふ。無限に往生を否定する所に於いて本当の信楽の自覚があるといふ事になる。さうして此の成仏までつき進んだ時に、初めて往生否定の此の信楽が、やがて往生の原理となる。往生を否定せずんば吾々は往生を得ることは出来ないのである。詰り往生を否定して成仏にまで達した時に、吾々は翻つてそこに如来の大悲心といふものが開けて、そこに吾々の往生といふものがそれから開けて来るのであります。そこまで吾々信仰の自覚といふものを純粋純正にせずんば措かぬといふのが此の信楽釈の論理でないかと思ふのであります。さうしてこの信楽釈の論理といふものは、純粋な機の深信といふもので一貫して、法の深信といふものは殆ど機の深信の中にかくしてしまつて置く所に、親鸞の『教行信証』の信楽釈の特別な使命といふものがあるので無いかと思ふのであります。

（同前二〇五～二〇六頁）

しかもその現行は現生である。そのことが重要である。現生正定聚の現生である。それがアラヤ識である。その自覚・自証が具体的意味を証明することになる。どういうことかといえば、無限大の視野にかかわりながら、一瞬の事実の上に立つからである。その連続性が「今、ここという」今回のキーポイントの一つである。「種子頼耶と現行頼耶」(『成唯識論』七、新導二九頁)や、「一切唯識」(同前二〇・二七頁)の問題にも通じている。

いずれにしても、型にはまった「唯識」の読み方ではないのである。さし当たってその一例を確かめると、アラヤ識は「内に向かって無限につき進む」とか、外から内に現行するのではなく、「内から内に現行する」と言われている。この発想は常識的なものの見方を超えている。曽我の文章には重さがあり、厚みがある。中味が濃いのだ。

曽我の立っているところは、流れそのものである。「恒転如暴流」の現在する現行についての思索である。刹那の停滞も許されない動きとしての現に行きつつあるところである。生きつつある現実である。その事実についての記述である。ゆえに、内から内へというような見方もアラヤ識の具体相から言えば成り立つのである。したがって、過去とか未来と言っても実体化されたそれではない。固定化されたそれらは、外的な妄想独断による思い込みの造り出した幻想であって、真に実在しているものではないと言われている。

しかもそのようにして過去も未来も否定されながら、同時に現行する刹那のアラヤ識の事実というところから見れば、過去も未来も共に無限に深い意味を発揮するものとして構想されているという。ただの否定ではないのである。虚妄分別によって遍計しただけの過去や未来を否定しているのではない。両者は虚無的にただ無いと否定されているのではない。否定によってその真の意味が生き生きと輝き出す。そのことが可能となるのは内から外への方向でなく、内から内への進展だと言われているのである。どこまでも内に深まるはたらきが自覚する自証の実相だと言うのである。

ところが、「意識は自覚であり自証である」というこの感得も、決してわかり易いとはいえない。そこで再度考えることにした。途端に、

考へられた刹那を云ふのではない。（中略）自証の識が作用する刹那である。直接経験の事実であり（中略）阿頼耶の事実といふもの、中には、自らそこに具体的に過去といふものと未来といふものを綜合して居る（『妙来表現』選集巻五、一九五頁）

とある文章に目が止まった。よく想い出す亡き父や母のこと、現に昨日のことのように鮮明に浮かんでくる状況、全体的にすべてを綜合していると曽我の言うアラヤ識の事実に支

えられて、私は自分の想い出を直接的に経験している。そのことを私は自分で覚っているから「自覚」というのだと言うのなら、そのことが意識されているのも事実であるから当たり前のことになる。

文字面に捉われて、抽象化された「自覚」を考えるのではない。現に経験している自分の過去の出来事をそのまま認める。そうなるとアラヤ識の蔵に蔵されていた自分の経験の種子が縁を与えられて現行したことになる。その事実が現在の自分の意識の上に想い出されていることになる。しかもその事実はそれ自体が私の直接の経験であるから、それが正しいのか間違っているのか、誰かに証明してもらう必要のないことである。不安であるなどということはありえない。自覚の意識の事実がそれ自体で証明していることである。ゆえに「自覚は自証である」と言う曽我の感得も了解することができる。そして、この経験が私の自覚であり、自証であった。

しかも、われわれの経験の事実は、アラヤ識の絵巻物の中にすべて感識されているとあって、その道程を辿っていけば、どのようにして迷ってしまったのか確かめることができる。またそれを反省することによって、どのようにしてその迷いから脱却できるか、それらも歴然として眼前に見ることができるとあった。それらのすべてを包括しているアラヤ識のところにまで辿りつくことができれば、自覚・自証の道理が、方法としての道筋であると共に、われわれの生きる支えとなるとの実感は得られた。

ではその具体的場所としてのアラヤ識とはどういうことか。端的に言えば全体的に見た自分自身の「身」のことになる。『成唯識論』で言えば「有根身」の「自身」である。宗祖で言えば「唯信」の我になる。

「唯」は、ただこのひとつなりという。（中略）また「唯」は、ひとりというこころなり。（『唯信鈔文意』、聖典五四七頁）

とある。自覚・自証する我である。

その自証が「さほど難しい事柄ではない」と判定したのが、アラヤ識に対する小谷の主張であった。

# 第五章　広大無辺のアラヤ識

曽我の「法蔵菩薩は阿頼耶識」説について、小谷は貴重な手がかりを与えてくれた。続いて「簡潔に言い換えれば」（『真宗の』二五〇頁）とあるが、簡単に言い換えることができるという断言もまた奇妙であった。「第八アラヤ識」は複雑怪奇というしかない内容に充ちている。果てしない思考の深まりが要求されると思われるが、それを「簡単だ」と言うのであるから、奇異の感をいだいたのである。

そこで、この断定は何によってなされているのか。その点を改めて確かめることにした。その判断の基準はすでに幾度も述べてきたわれわれの日常的理知と言える。唯識で言えば第六意識である。ところが、そこで問われることになるのは、第六意識は部分的にしか機能しないのであり、また完全な依り処にならないことであった。

とはいえ、そう言ってみてもその意味がわかったことにはならない。なぜかといえば、直接経験しているわれわれの日常生活では、第六意識しかないからである。それだけが私の認識力の基本であって、それ以外には何もない。そうであるとすれば、第六も第七も考えようもないことになる。すなわち、第六識が頼りない部分的な知性であるということは、第六以外（第七なり第八）の識に出会って初めて言えることである。ここでは第八アラヤ識としておくが、アラヤ識に出会うことによって、第六識は頼りにならないことに気づかされるのである。

したがって、小谷の「さほど難しい事柄ではない」という判断は、アラヤ識を自覚・自証するという、手に負えない作業を経ることなしに行われているのではないか。つまり、頭だけの認識力によっているのだと思う。すなわち、アラヤ識を知らないから平気で言えるということである。

「アラヤ識」という「語」を知らないことではない。語の「義」を知らないことである。「語に依らず義によれ」と言う場合の義である。当然その語の指している意味・内容である。その具体的なはたらきである。それを全く感知することができずに「コトバ」だけで見る。そしてその内容までわかったつもりになっている。だから、猪突猛進になる。猪が山を批判できるという錯覚に陥るのではないか。「簡単だ」と言い切ることができるのは、アラヤ識の大きさがわかっていないからの妄言だと思う。その問題点を明らかにする。そのことによって、問題を正確に捉える。そこを外してしまうと、ただ断定しただけで実際には何も残らないことになる。いわゆる「兎角・亀毛」だからである。コトバだけで画きだした絵空事である。それをわれわれになさしめる、隠れている「我」とも言うべき「アラヤ識」を実際の経験において確かめなければならない。

つまり、深いアラヤ識のはたらきは、誰でも本能的に知っているとも言える。生きている「身」だからである。しかし、体験として示されなければ、誰にもわからないのである。ところが、不思議としか言いようがないのは、第六意識が自分であると思い込んでしまった長い流転のもとにあるために、凡愚である衆生にすぎないのにその事実が認められないのである。われわれが頭脳だけで生きているという錯覚に陥るのはそのためである。

身体のすべてという全体をもって、事柄を感受する方法に気づかないかぎり、「濁世の道俗、善く自ら己が能を思量せよ」(『教行信証』「化身土・本巻」、聖典三三一頁)と言われる聖言を理解することなどありえない。われわれは必ず、そのわれわれの一部にすぎない自らの脳を、すべてを支配する自己と錯覚して、慢やうぬぼれ、自分が最高であるという価値観にひたってしまう。人間があらゆる生物の中で最高であるなどというのはその最たる例である。人間は六道の中のある状況の一つにすぎない。その「衆生」という感性は欠落させてはならないものである。

要するに、曽我唯識は、われわれの頭（脳）は信用できないと言っているのである。にもかかわらず、理知の分別の元である脳を頼りとし、それがあらゆる問題に対応できると思い込んでしまう。甚だ危険である。なぜならば、われわれの脳は二十四時間機能できないからである。無防備でお手上げの状態である時は何時間もある。活動を停止しなければならない時のあるものに、常にいつでも対応することを期待するのは無理であろう。ゆえに常時われわれが依り処にできるところは、脳以外に求めなければならない。その絶えざる依り処が「畢竟依」である。それは全体にかかわるはたらきである。対して脳を見れば、それは部分でしかない。しかも脳は腸の進化したもので、腸の上部構造である。腸に支えられて機能しているだけである。現代医学において証明されている。『脳はバカ、腸はかしこい』（藤田紘一郎、三五館）・『すべての疲労は脳が原因』（梶本修身、集英社新書）という啓蒙書が出版されている。脳がしばしば判断を誤ることはよく知られている。しかし、差し当たって頼りになるのは脳しかないということで、それに全面的にしがみつく。そしてすべてに対応することを期待する。無理な要求をわれわれは自らの脳に課すために、脳は疲れ切ることになるのである。

ここで「法蔵菩薩はアラヤ識」についての小谷説の問題点を指摘する。前にも述べたように曽我は

思いつかれた言葉や事柄を、その言葉の本来の意味を充分考慮せずに、あるいは、思いつかれた事柄の意味を充分説明せずに発言されることがよくある。先に検討した「法蔵菩薩は阿頼耶識なり」がそうであった。(『真宗の』二五八頁)

と言い、また『如来表現』の「自覚意識」に関する文(本論七〇頁)を引用して、「さほど難しい事柄ではない」(同前二五〇頁)と断言した。この引用文を見ながら「思いつき」とか「本来の意味を充分考慮せずに発言する(要約)」と書いている。ところが、それらの文章の元になった曽我の文では、同頁の六行前に、

『唯識論』を幾度も幾度も読みまして、それも一年、二年とつもつて、いつしか既に

数十年も積つたのであります。（中略）憶念不断に問題を与へられて居る

（『如来表現』選集巻五、一六二頁）

とある。

小谷の肉眼は、確実にこの頁をそのまま映していたのであるから、彼の眼識は眼根を通して、対境であるこの文章を見ていたことに誤りはないであろう。ところが、彼の日常的理知の第六意識は「思いつきで言葉や事柄の意味を充分考慮せずに発言する（要約）」と判断したのである。

われわれの第六意識は具体的現実においてあらゆる認識の中心になって、われわれを動かしている。ではどうしてそのような判断になったのか。眼識はそのままに認識しているのであるから、「不断に憶念して何十年も考え続けた」とある文を読み間違うはずがない。そところが、その文を「思いつきである」と明確に断言したのが、彼の第六意識である。そのように断定する原因が何もないのに、現実の結果が突然そうなったなどということは法則としてありえない。

今われわれが彼の文章を前にして考え込まざるをえないのは、彼自身の現に生きている

事実のところに、この文章を書かせた原因があるとしか言えないことである。それが唯識で言う現行と種子の関係である。現行は現に行われている現実のことであり、種子は原因である。その種子はどこではたらいているのかとなれば、「アラヤ識」の「蔵」の有根身に収納されていたことになる。その種子があるからこそ、現実に現れてくる縁によって、この文章がわれわれの目前にあるのであろう。どう考えても常識的には「憶念不断」とある文章を「思いつき」などと読むことなどありえない。「これが誤読である」というような言葉では片づけられない。ところが現実に起こっているのは、「何十年もかけて思索した」とある文を、ただの「思いつき」と読んでいる事実である。人間の具体的現実とはどういうことであるか。深く考えさせられたことである。他人事ではない。普遍的な難問だからである。

どうしてそのような種子を自分の中に貯えてしまったかといえば、現行である経験の事実が行われたに違いない。ゆえに、唯識では「種子生現行、現行熏種子」と言う。たとえば耐えられない屈辱を受けた経験があるとか、自分の意志ではどうしてみようもない状況に追い込まれて窮状に陥った経験などである。私の場合はいろいろあったが、自分自身の経験が怨念のようなものとなって、ある対象にその責任を求めようとしたことはある。筋違いだとは思うが、自己正当化だけを依り処として、とんでもない妄想にとりつかれたことがあった。「さるべき業縁のもよおせば」どんなことでもしてしまう種子が、私のアラヤ識の蔵にあることは否定できないことである。

要するに、第六意識は考えられない誤った判断をしてしまうということではないか。これは特定の人がそうであると言っているのではない。久遠劫来の錯覚を積み重ねてきたことによって、無意識のうちにそうなってしまう普遍的なあり方を示しているのだと思う。つまり私の反省は、曽我の言う通り、私には見えるはずのない私のアラヤ識を見えると思い込んでいたことであった。見えるはずのないものが見えると確信していたのであるから、錯覚だったにすぎない。何がそうさせたか。私の第六意識である。しかもその正体は、完全にマナ識の支配下にあった。そこに気づいて見直してみると、要衝の視点に欠けていたのであるから、ひどい目に遭うのは当然であったとも言える。

ゆえに「見ることのできないものに支えられて、すべてを見る」というのは、人間にとっての重要な基点になる。「老少善悪をえらばず」の語は、年齢によることを離れた、必然の道理を示している。「さのみおどろくべきことにあらず」と言われている所以である。

しかも、そのようにしてすべてを見るといっても、通常われわれが自分の脳を過信してものを見る立場とは異なっている。そこであらゆる判断が可能であると思い込んでいる無意識のうちの錯覚から解放されなければならない。自分の力で見るのではないのである。すなわち、あらゆるものが、ありのままに顕れてくるのである。そう表現するしかないあり方に気づく必要がある。

自分の力で見るのではないから、見えたとすれば如来の他力によって見えたことになる。「観仏本願力」の「観」も、自分で観察すると思い込んでいた私にとっては、全く逆であった。顕れてくる観であったのである。その意味で宗祖の『教行信証』を見直すと、すべて「顕浄土」で始まっている。他力の本願力によって顕れてきた浄土という意味ではないか。他力の強烈な力でなければ、見たり、聞いたり、考えたりすることも成り立たないことを示している。この点に気づいたのが『如来表現』の講話であった。もとになった宗祖の立場も、また七祖も同じであることは言うまでもない。

しかも「いかにしても見えないはたらき」というのは、すでに述べたことではあるが、いく度でも確かめなければならない。いつのまにか自分に都合のいい妄念によって、生きている「イノチ」を形骸化し、それを当然のこととしてしまう。邪見憍慢の極めつきの「我」である。現在しているのはその自分であることに気づけないのである。年齢に関係はない。最後まで自分の浅ましさを嘆かれたのが宗祖であった。その言葉は溢れるような痛みの感覚の表白になっている。

では、「見えないはたらき」はどうして見えないかと言えば、それは「現に生きている」という現生の事実のことだからである。しかもその「現生」は「現行」として、一瞬の存在でしかない。その瞬間が激しい流れとして転変しているのである。流れを全体として生きている。それが私であるという明白な事実がある。にもかかわらず、私はその一部にすぎない脳によって、自分の「生」を実体化してしまうのである。頼りになると無意識のうちに思い込んでいる、その頭脳で自分の全体を見ることなどできるはずもない。「山より大きな猪はいない」と言われている。ところが、自分の事実を認めることのできない猪は猛進することしかできなくなっている。とんでもない醜態を示すことになってしまうのである。

そうなってしまうのは誰でも同じでないかと思う。そこで自覚意識となった場合でも、私には恐ろしい問題、手の打ちようのない状況等、さんざん悩まされたことである。ところが、対象として見ているのはその恐ろしさだけであった。それを見ておののいている自分など全く見えなかった。自覚の視点など長い間気づかなかったと言える。自分を俎上にあげて問いただすことなど夢にも思わないことであった。私を苦しめる憎らしい対象が厳然として存在しているだけであった。ゆえに、困っている自分のところに問題があると言う意識は、はたらかなかったのである。自分を省察するということは、ただごとではないということになる。

そこで私は、自らの体験を想い出したのであった。当然見えているはずのことが、何も見えていなかった事実である。どういうことかといえば、今回の難問を解く手がかりは、丸山の大谷大学での最後の講演であった。すでに記した通りであるが、それを語る丸山の姿も、言葉も、何の記憶もない。全く憶い出せないのであるから、聞こえず、見えずである。その講演に出席しなかったのではないかと思ったほどである。

ところが宗祖の誕生会講演を知らせる一枚のチラシが、突如として書棚の片隅から現れたことであった。同時に、確かに聞いたことは聞いたのであろう、彼の文庫本が二、三冊書架にあった。その書を読んだ跡はあった。途中までは印がついていた。だが、内容には全く関心をもつことができなかった。読めなかったわけである。したがって、二十年間ほどほったらかしであった。逆に言えば、そのようなどうしようもない厳然たる状況でありながら、向こうから現れたとしか言いようのない丸山の紹介文が、天と地がひっくり返るような驚きを私に与えたことであった。

# おわりに

## 第一節　体験する「見えないもの」

今まで気づかなかったいくつかの点が判明した。その一つは曽我の立場は徹底して自らの体験の事実を語っていることである。

相似して居るとか類似して居るとか説明の便宜上とかいふのではなくて、私に動かない所の内的必然の根拠がある。（『如来表現』選集巻五、一六八～一六九頁）

と言われている。三相と三心の関係についての言であるが、法蔵菩薩とアラヤ識も同じである。続いての文は、「至心が宗教的体験の果相」「信楽は体験としての根本意識自体」とあって「それが経験全体である」となっている。要するに法蔵菩薩とかアラヤ識といっても、それは実際に経験していることを基としての話である。頭で考えたことではないのであった。この点は完全に見落としていた。私の実際の事実は、この文を頭で考えることだった。ゆえに、何度読んでもわからないのは当然であった。

そこで見直すことにしたところ、目に止まったのは次の箇処である。

知つて居るといふと高慢なやうでありますけれども、たゞ知つて居りますことは、世親即ち天親菩薩の『唯識三十頌』（中略）『成唯識論』、それだけを自分は子供の時分から興味をもつて折々読んで見て居るのであります。今日でもやはりそれを折々引出して読んだり、又考へたりして居るのであります。さうしてそれを読んで居る間に少しづゝ解つて来るのでありまして、此の中に示されてある阿頼耶識は、『唯識論』の根本原理として第八阿頼耶識といふことを云ふのであります。私は『唯識』の阿頼耶識といふのは、即ち『大無量寿経』に説いてある所の弥陀の因位としての法蔵菩薩であると思ふ。

（同前一五七頁）

私は前から『成唯識論』を愛読しておったわけでございます。これは、まあ少しぐらいは先生の講義を聞いたことがありますけれども、大体はまあ、自分は自分一流の考えでもって『成唯識論』というものを見て行こうと、こういうように方針をとっておったわけであります。

（『法蔵菩薩』選集巻十二、一〇七頁）

阿頼耶の自相といふものは具体的のものでありまして、具体的経験それ自体、即ち経験体でありまして、其の阿頼耶自体の具体的経験の内容たる意味、即ち義相が二つある。

（『如来表現』選集巻五、一六四頁）

もつともつと内面化した、もつともつと生き生きとして居る所の、全体に貫通して血の流れて居る叫び声そのものをつかまへて、吾々の散乱麤動して、殆ど八万四千の感覚意識が群り起る、其の感覚意識其のもの、直接の声を聞き、我が全身の叫を聞いて、

それを其の儘直写したものであります。（同前一七九頁）

即ち此の法蔵菩薩は、吾々の本当の現実、異熟の現実の自覚を通して、其の自覚の極端の底に現れ、そこに感ずる所の清浄なる大精神、本当に現実に苦しめられ、吾々を本当に見つめ、自己のあらゆる現実を認めて、自己の全体を投げ出し、其の自己全体を投げ出し、其の自己全体を投げ出す時に、其の自己全体を引受けるものが法蔵菩薩である。（同前一八三頁）

「子供の時から興味をもって読んでいた」と言っている。『成唯識論』は大きな文字で書かれた木版本であることは察しがつく。「何を云つてあるのか解らぬ」（同前一六六頁）ところが結構あったようである。それを「幾度も幾度も読み、一年、二年とつもつて、数十年になった（要約）」（同前一六二頁）と述懐している。「読んでいる間に少しづゝ解って来た」のがアラヤ識と法蔵菩薩が同じという感識であったという。印象深く受け止められた。したがって、曽我の米寿記念の『法蔵菩薩』において、多少先生の講義を聞いたことはあったとしても「自分なりの考えを押し進めたもの（要約）」になると言う。その状況は納得できた。

ゆえに「アラヤ識の自相」といっても「具体的経験それ自体」の「経験体」であるというところも何となくわかった。手に負えなかった箇処なのであるが、次の「生き生きとして居る」「全体に貫通して血の流れて居る叫び声そのもの」を「散乱麤動して群り起っている」われわれの日常的な感覚意識の状態を通して、自らの「全身の叫び」として聞き取る。その事実そのままを「直写」したのだと言っている。『教行信証』「信巻」（聖典二二五頁）の「一切の群生海」についての曽我の血の滲むような読み込みなのだと思われる。この描写は生の体験としての「血わき、肉おどる」ような、生きていること全体としての経験なのではないか。それと共に叫び声として聞こえているという事実があるとはどういうことなのか、考え込まざるをえなかった。恐らく通常の音声として防音壁で遮断できる音ではないであろう。「響」の現している深い呼びかけの呼応なのだと思われた。

「現実に苦しんでいる、その現実そのものを認めて、そこで感じ取った清浄なる大精神が法蔵菩薩である」ということであろう。「法蔵菩薩が自ら自己全体を投げ出して、自己全体を引き受けている」との感識だと思う。ここでの問題は法蔵菩薩の立場で言われている「自己全体」である。しかも、「自ら投げ出す」ところでの積極的自己否定でありながら、そこで「自己全体を引き受けている」自覚の深まりである。そこにおける清浄なる大精神を法蔵菩薩として感識したというところは了解できた。

では、「経験体」全体である「感覚意識」に戻すとどうなるか。それがアラヤ識となるのは必然であろう。意識の構造でいいのであろうが、「こころ」の深層を探ることになれば、われわれは自分の「こころ」を手がかりにするしかなくなる。日常的には何かを対象にしている。その対象を見ている自分は全く見えていない。この経験は誰にでもあると思う。その点についての鋭い探求が天親菩薩であったという曽我の示唆は、私の胸を抉る衝撃を与えるものであった。

そこで気づかされたのは、自分の体験を手がかりにしてその「こころ」を見るには、見えないところを通して見るしかない。すでに何度も確認した。先の音を否定して響きを聞く方法である。すなわち、漢語と和語の混合した文字によって、ものを考えているのが宗祖である。そこを手がかりにして、その根源を深めることにした。するとアラヤ識の所縁であり行相である「有根身」が、根というものを生み出す能力としてわれわれの生きている事実にかかわっていることを思い出した。しかもすでに紹介した『老子』の「根に帰る」という思想は、その根源に帰ってあらゆることに対応することであった。その場合には必ずといっていいほど否定を通すことが要求された。否定によって肯定されて新しい生き方が明らかになる。

## 第二節　華厳経の「無見の見」

長い間、『華厳経』に親しんできただけで、どれだけその内容が読めているのか。内心忸怩たるものがあった。しかし、そうも言っていられない状況であるので、定年の時に大学の厚意で出版していただいた公開講座の記録『人間開華の旅』を拾い読みしてみた。たまたま「無見の見」という項（六七頁）があったので確認できたのであるが、お話にならない内容であった。見ることなしに見るということが、根源に立ち帰って見るとどうなるか。中国古来の老荘思想に依りつつも、外来の思想である仏教の「空の見地」で見るとどうなるか。非常に重要な問題である。それが無惨な内容になっていることの情けなさである。

その反省をこめて「無見の見」を見直したところ、さまざまなことが経文から浮かび上がってくるように感じた。「無見の所見」について、

見無きに是れ見なりと説き、我無きに衆生なりと説く。見及び衆生と説くも、是二は悉く有に非ず。見者に所見無ければ、この見は相を壊せず。是を真実の法と名く、一切の仏の説きたまふ所なり。

（昭和新纂国訳大蔵経華厳経『六十華厳』「菩薩雲集妙勝殿上説偈品」、二二八頁、東方書院）

と言われている。見ることの無いのが見ることであるという。最初の見は浅い見方である。ゆえにその浅さを否定して、深い見方を説いていると思ったのである。しかし、この経文の言わんとしているのは、見ることを全面的に否定しているのであって、ものごとが全く見えていないことに気づかなければならないことであった。この文を書いた当時の私の語っていることは、経文の意味が何もわかっていなかったことの証明である。無内容を口先だけで説明している。そのことがよくわかったのである。したがってお話にならない状態であった。

そうすると、不思議なことに次の句の、自分は何か（対象）をしっかり見ているという

無意識の判断は、単なる自己満足の思い込みにすぎないことがはっきりした。何も見えていないことが明白な事実であることが認められた。その途端にその見方は、ある種の重要な見方であるという具体性を示していることも納得できた。「見えないこと」が具体相として大事な意味を発揮するという。それが経文の意味である。同時に真実の法であり、諸仏の説く所であるとなっている。全面的に否定される。そこを通して、全面的な肯定が成立した。

「善慧菩薩」の偈頌の直前の経文である。

所行は空にして実無きに、凡夫は真諦なりと謂ふ。一切自性無く、皆悉く虚空に等し。無尽智の説く所は、説く者に説く所無し。有は悉く無なりと了知す。故に難思議なるを得。無尽の説は無尽なり。衆生は空寂なるが故に、彼真実の性を知らば、則ち大名称を見ん。（同前二三七頁）

それに対応する『八十華厳』の経文は次のように言われている。

一切の凡夫の行は、速かに帰尽せざることなく、其の性は虚空の如し。故に説くとも尽くること有る無し。智者は無尽と説くも、此も亦所説なし。自性は無尽なるが故に、難思の尽有ることを得。説く所の無尽の中に、衆生の得べき無し。衆生の性爾りと知れば、則ち大名称を見る。無見を説きて見と為し、無生を衆生と説く。若しくは見若しくは衆生、これを了知すれば体性無し。能見と及び所見と見者とを悉く除遣し、真法を壊せざれば、此の人は仏を了知す。

（国訳一切経華厳部『八十華厳』「須弥頂上偈讃品」、二五五〜二五六頁）

この経文のポイントはいろいろあるが、「その性は虚空の如し」もその一つだと思われる。捉えどころのないもので、有とも無とも言えない両者を離れたあり方が予想されている。ゆえにどれだけ説いても尽きることはない。智者は「無尽」と説くが、その所説もないと言う。曽我の自己否定に当たっている。しかも「難思の尽」であるために、考えても無駄なのであるが、その否定によって、その「尽」がその存在をあらしめるとある。ただし、衆生はそのような生を生きるしかないのであるが、それは自性をもって有るものではないから、「無見を説きて見と為し、無生を衆生と説く」ということになる。『六十華厳』と同じく「空」として見る立場である。ここでは見ることも衆生も体性としては無いものである。ゆえに「能見」と「所見」と「見者」が除かれるので、「真法」が壊されることもなくなり、そのことの了解できた人は「仏を了知す」となって、「無見の見」が成り立つことになる。

## 第三節　言語アラヤ識への転入

曽我の難解極まりない『如来表現』の謎を解くポイントはいくつかあるが、その一つに、全くわからないにもかかわらず、何かが感じられるところであった。わからない私が正しいとは言えなかったその根拠が少しわかってきたとも言える。凡愚であるがゆえの情けない自分であったが、その自分にも感じられる何かが確かにはたらいていた。見事にそれに助けられたとも言える。既説した前二回の経験から言えば、第三回目のわかっていない自分である、見えていない、読めていないという事実を徹底的に思い知らされたのである。それが私自身の現生であった。現生は現行である。

ところが、ここでどうしても問題が残るのは、「今」も「現在」もすべて言葉になってしまって、その語の指し示している意味を直接的に知ることができないところである。まさに『智度論』の言う通り、指を見ることはできても月を見ることは甚だ困難である。「義に依りて語に依らざるべし」（『教行信証』「化身土・本巻」、聖典三五七頁）との聖訓は普遍的な問いを呼び起こしている。ゆえに義に依るためには言語を絶対化することなく、その固定化から逃れる方法が求められる。義に依ることさえも否定するのである。依ることによって実体化される。その凝然状態からの脱却である。それが「義なきを義とす」であった。

故丸山圭三郎の「言葉」から受けたショックは格別であった。しかも確かに聞いたはずなのに、何の記憶もない、完全に失われている有様であった。にもかかわらず、今回引用する文章は私にとっての命《イノチ》の要《カナメ》にあたっていた。恩師から与えられた「菩提心」にかかわることであった。その菩提心の転入するところが『華厳経』の深奥を述べている「入法界品」の重々無尽の法界縁起の世界であった。しかもそこでの歩みが生き生きとした具体的な事例を通して活写されているのである。

これらは決して現代に限ったことではなく、人間文化の深層に連綿と継承されてきた汎時代的特質なのである。言ってみれば事事無礙（＝仏教思想で言う「現象界の諸事象の間に境がなく、融け合っている状態」）的流動性であり、文化においては太古の昔から解剖学的器官の有無は男女を区別するメルクマールではなかった。生物学上のヒトの雌が〈男〉という概念の機能を果たしている文化圏は少なくないのである。

（『言葉・狂気・エロス』二一一頁、講談社現代新書）

太古の昔から、人間文化の深層に連綿として継承されてきた「現象界の諸事象の間に境がなく、融け合っている状態」が「事事無礙」であるという指摘である。それはまた「流動性」そのものであると言われている。強く印象づけられた示唆であった。その「流れ」は「一種のエネルギーであり、実体的な境界線のない」ものとして、次のように言われている。

たとえば、すべてのものは一種のエネルギーであり実体的な境界線のない流れであると考える華厳哲学はニューサイエンスの考え方とも重なるし、ホログラフィー・パラダイムに立つ最先端の物理学は、禅をはじめとする東洋の神秘思想に深い関心を寄せている。

（同前二一九頁）

唯識で言う「恒転如暴流」の説に一致するところだと思う。また、その法界が蓮華蔵世界であるという説と呼応している点からも、まさに「汎時代的特質」において、同じものを見ていることが確認される。しかも、その元を辿れば、丸山の師、井筒俊彦の次の語のあることにも驚かされた。井筒は次のように述べている。

存在の「インプリネット」(「畳みこみ」的)な側面においては、すべてがすべてを含み、逆にまたすべてがすべてに含まれているのであって、その全体の多層・多元的な相互連関の網目構造が、結局、どこにも境界線のない——あるいは、境界線はあっても、それが限りなく移り動いていく——一つの統一体となってくる。つまり全体的には無分節の、しかし、無分節でありながら、限りない柔軟性をもって自己自身をどこまでも分節していく可能性をもった統一体として現れてくる。これが荘子のいわゆる「渾沌」でありまして、その流動的ダイナミックな存在構造が同じ中国で発達した仏教の華厳哲学で「事事無礙法界」という形で現われるのであります。

「事事無礙」、そしてその根底にある「事理無礙」——ありとあらゆるものが、限りなく横に拡がり、限りなく縦に伸びて、何重にも流通し合い浸透し合う存在融合の真相。これが観想的意識のこのレベルが拓かれた人々の見る世界であり、それがまた、一般に東洋哲学の存在論、形而上学の基本的立場なのであります。

（井筒俊彦『意味の深みへ』三五頁、岩波書店）

ここから展開していく「言語アラヤ識」の説には、夢から覚めた感を深くした。曽我の言うところを次に示す。

親鸞の信念の根本事実は菩薩の願心である。而して法爾の願力である。この一にして二なる先験的事実である。現実随順の如きはこの根本的事実の当然の結論の一面に外ならぬ。彼にはこの現実界に翻対せる荘厳の浄土がある。この浄土こそは方便法身の法界である。華厳の事々無礙の法界である、蓮華蔵世界である。この浄土こそ真実報土であつて、現実に翻対して、荘厳せられたものである。

（『浄土荘厳の願心と願力』選集巻三、三四四頁）

天親菩薩の言う蓮華蔵世界であり、「正信偈」で「即証真如法性身」（聖典二〇六頁）と頌われる「真実の報土」である。

この事事無礙法界については、言語哲学的視野のもとに、はなはだ斬新な見解が示されている。たいへん参考になったので、その一例を次の論考からみることにする。

学ばれた「本質」体系全体的に「文化的無意識」の領域に沈澱して、その人の現実認識を規制する。さきに私が、「言語アラヤ識」と呼びたいと言ったものがそれだ。これを特にアラヤ識と呼ぶのは、人が普通それの存在に気付かないからである。気付かないけれども、それは時々刻々に働いている。「転識」が働くとき、必ずその底に「言語アラヤ識」が働いている。その働きがあるからこそ、ものが何々として存在するのだ。ものが何々として存在するのは、「言語アラヤ識」の暗闇から、そのつど、ある特定の「本質」が喚びさまされてきて、その意味的鋳型で存在を分節するからである。

（『意識と本質』一三二～一三三頁、岩波書店）

「有而不可見」（何か存在してはいるのだけれど、それが目に見えない）とは、本論の言葉で言い換えれば、無分節の只中に既に分節線が引かれている。だがその線は見えない、ということだ。不可見の分節線は一体どこにひそんでいるのか。形而上的事態としては、絶対無限の実在のそのものの中に、はじめから矛盾的に存在限定の可能性がひそんでいる、ということもできよう。が、また、意識的事態としては、人の言語アラヤ識的深層の奥底に、意味的「種子」として隠れている、と考えることもできる。それが言語アラヤ識の構造と密接に関わることは、分節——たとえそれが分節（Ⅱ）、すなわち無「本質」的分節であろうとも——の次元で現出する事物が、言語ごとに微妙な差異を示すという極めて初歩的（つまり基本的）な事実を見るだけですぐわかる。サンスクリットを母国語とする人の見る事物（存在分節）は、中国語を母国語とする人の見る事物（存在分節）と、分節（Ⅱ）においてすら、違うのである。しかし、分節の具体的な仕方がどれほど違おうとも、存在分節はいずれも根元的無分節者の自己分節であり、いずれの場合でも、分節されて現出してきたあらゆる事物の総体は同じ一つの全体的存在世界を提示する。（同前一六五～一六六頁）

およそ外的事物をこれこれのものとして認識し意識することが、根源的にはコトバ（内的言語）の意味分節作用に基くものであることを私はさきに説いた。そして、そのような内的言語の意味「種子《ビージャ》」の場所を「言語アラヤ識」という名で深層意識的に定位した。「言語アラヤ識」という特殊な用語によって、私は、ソシュール以来の言語学が、「言語《ラング》」（国語、langue）と呼び慣わしている言語的記号の体系のそのまた底に、複雑な可能的意味聯鎖の深層意識的空間を措定する。もしこの考え方が正しいとすれば、我々が表層意識面で——つまり知覚的に——外的事物、例えば目前に実在する木を意識する場合にも、その認識過程には言語アラヤ識から湧き上がってくるイマージュが作用しているはずだ。なぜなら、何らかの刺戟を受けて、アラヤ識的潜在性から目覚めた意味「種子」が、表層意識に向って発動しだす時、必ずそれは一つ、あるいは一聯の、イマージュを喚起するものだからである。（同前一九〇頁）

しかも、この「事事無礙法界」は「荘子のいわゆる「渾沌」で」あると言う。すでに紹介した福永の言うところに通じていることは明らかである。狭い部分的な視野でしかものを見ることができない立場とは完全に異なっている領域への転入である。

# 結論

## はじめに

ついに「往生はこころにあり」の考察にまで辿りついた。曽我教学における往生論の要衝は、この結論において徹底的に解明されなければならない。これまでの論究でも断片的には触れていたのであるが、その本格的な検討となる。

そこで『往生と成仏』に的を絞ってその要点を探ることにする。曽我はどのようにして自らの思索を深めたのか。その点は、

この頃、私が深く考えておりまするのは「往生と成仏」ということであります。

（『往生と成仏』一三頁、岡崎教務所、昭和四十三年）

との語で明らかになる。続いて、「真宗の宗学では往生即成仏」であって、「ほとんど結論が決まっているよう」であると言われている。「私はそれは結論が少し早まっていると思います。往生即成仏であるならば」往生がそのまま成仏なので、同じ内容になる。それが古い体質の宗学でいう往生と成仏である。だがそれでは「往生の意義はよくわからぬことに」なる。つまり、「往生ということ」を問うことなしに、「ただ成仏だけしか考えないようになりはしないか」と問う。成仏だけで事は足りるので、往生は問う必要がなくなる。ところが、

み仏の本願というものは、成仏の本願ではありません。往生の本願でしょう。それをいつの間にか成仏の本願のようにとりちがえておりはせぬか。（同前一四頁）

との厳しい指摘がなされるのである。

次の課題は『論註』の「障菩提門」（『教行信証』「証巻」、聖典二九三～二九四頁）の智慧・慈悲・方便の三門についての講話である。

大体、智慧と慈悲だけでいいのでありましょう。（同前）

ところが、

第三の方便は特に大切な門であります。智慧とか慈悲とかは、み仏のお心の中にあるわけでありまして、方便は、み仏の実践の上に現わして下さるものであります。

（同前一四～一五頁）

と言う。

最高に属すると言ってもいいほどの重要な示唆だと思われた。文字面だけを見ている程度で「証巻」をどれだけ眺め回してもこのようには読めないところである。私の『無上涅槃の妙果』では完全な見落としのところであった。まさに「恥ずべし痛むべし」である。身をもっての反省を迫られたのであるが、特に痛切な思いを感じたのは、「方便」は如来の身をもっての「実践の上に現わして下さるもの」というところであった。

次の「如来の本願、すなわち第十八願」の

至心信楽して我国に生まれんと欲う（中略）この往生というのは無生の生であると曇鸞大師は教えて下されておるのであります。（中略）我々如きものが、無生の生などということが一体あるかと考えておるわけでございましょう。ところが我々如き者にも、無生の生を了解することができるのであります。学問で無生の生を論議するわけではない。（中略）如来廻向の信心を頂くことになれば、おのずから無生の世界がひらけてくるのであります。無生の世界、すなわち浄土であり、真実報土であり、安楽仏国でありまず。安楽仏国とは精神界であり、物質界とは形あるもの、精神界とは色も形もないものであります。そういう純粋の精神界、いわゆる光明の世界、深広無涯底の精神界、それを浄土というのでありましょう。（同前一一五〜一一六頁）

とある。この説からは種々の手がかりを与えられた。

「無生無滅の世界」が「浄土」であるとする発想は私にも全くなかったわけではない。しかし、宗祖の「法身は、いろもなし、かたちもましまさず」（『唯信鈔文意』、聖典五五四頁）からの発想であろうが、「真実報土」であり「安楽仏国」であり、「精神界」であるとは、曽我独特の感識によるものと思われた。全く余人の及ばない領域からの言葉なのであるが、深く『大経』を読み込んでいた「憶念の心つねにして」のしからしめるところなのであろう。

『大経』巻上（聖典三八頁）「開神悦体」の和訳は「神を開き体を悦ばしむ」であるが、

その「神」には「たましい」のルビが振られている。「魂」の漢字が当てられると「法蔵魂」となる。曽我用語の重要なもののひとつである。それが深広無涯底な精神界としての光明の世界である浄土なのだとの説には瞠目せざるをえなかった。あらためて、「深広無涯底、言語道悉絶」（『華厳経』巻第二十三、大正一〇・一二二c）の経文に、深い光明の願心を感じたことであった。

続いての「自性の弥陀、唯心の浄土」については、

お前のいう浄土が精神界であるというならば、それは唯心の浄土ではないか、と批難される方もないとは限らぬと思います。浄土が精神界でないならば、物質界でありましょうか。（『往生と成仏』一六頁）

と反問し、

我々が迷うている娑婆世界というのは、物質の世界であります。（同前）

と言う。この点は印象深く受けとめられた。全てが「モノ」化されてしまい、しかもある種の実体として、いかにもゆるぎない効力を発揮するように見える。その無意識のうちの欲求が問い直されねばならぬというのではないか。

ところで、「自性唯心に沈みて浄土の真証を貶す」(『教行信証』「信巻」、聖典二一〇頁)について は想い出がある。ある友人の言として、「自性唯心」が問題なのではなく、「沈むか、沈まないのかの問題である」とのことであった。そんなものかという程度の、大昔のことであった。誰のどの説なのか関心がなかったわけではないが、『往生と成仏』での曽我説であることを、このたび確認することができた。望外の発見であった。曽我は言う、本派の赤松連城[一八四一~一九一九]勧学から「聞いたことを、私は時々今日でも思い出す」(『往生と成仏』一七頁)とある。次の文である。

唯心というとなにか胸を叩いて、この胸三寸の中に浄土があると、それを唯心の浄土だと思っている人がある。あるいは自分のこの体、これが阿弥陀如来であると考える人がある。このような己身の弥陀、唯心の浄土そういう所に沈むのがいけないのだと、(中略)沈む安心を御開山様は否定なさるのであって、何も己身唯心ということを一概に否定なさるというわけではないのであります。(同前一六~一七頁)

これまでの文を結ぶに当たって、次の説に出会えたことも不思議であった。

念仏往生の本願によって浄土を開いて下された。浄土というものをどこかにつくって下さって、そこへ往くというものでなく、私どもの心の中に浄土を開いて下さった。（中略）久遠の昔から物質的欲望によって閉じ込められておりました心を、無量光明の浄土をもって開いて下された。如来の光明世界によって、われらの心を開いてくださる。南無阿弥陀仏と光明の世界を我等に与えてくださるということでしょう。（同前一九頁）

本願によって開かれたのが浄土である。どこかに浄土を「モノ」のように造るのではない。また、そこへ往くというのでもない。ただの凡愚でしかないのがわれわれである。ところがその邪見憍慢の巣窟であり、また物質的欲望に閉じ込められていただけの、われわれのこころに念仏往生の本願によって如来の光明世界を与えてくださったというのである。「仏法不思議」としか言いようのないことである。

## 第一章 『親鸞の思想構造』の真相

上田の「即得往生」説は、死後往生説を否定していないと思われる。ただ、古くからある型にはまった往生説だと言っているのである。それに対して、自らの現生正定聚説を信心獲得のところで述べているにすぎない。未来往生説を否定しているのではなく、現生不退のみが「だだこのこと一つ」として明らかになるところが親鸞の主旨とする説である。時間を超えてしまうのがこの場合の「今、ここ」の視点になる。ゆえに三世は問う必要がなくなっているというのである。その一点が明らかに自覚されていないために、未来往生に拘り、それに縛られているのが死後往生説になる。

上田の遺作『思想構造』について言えば、批判されている三十年前の自説に欠陥のあったことを認めて、反省している点である。自己反省であり、自己批判の面もある。すなわち、マナ識とアラヤ識の驚くべき関係についての深い省察が感じ取れる。常識的な自らの理知によって見ているのではない。したがって、

　生きているままで「往生をう」ということは、（中略）未だかつて誰も云わなかったことである。それを親鸞はあえて云っているのである。（『思想構造』一〇五頁）

という文を小谷は自著に引用するが、その点を解説して、

　つまり上田師は（中略）現世で往生を説くものと主張された。（『真宗の』三三五頁）

と言う。そして親鸞のいう

難思議往生の特徴は、自力作善や自力の念仏により臨終に来迎されて往生して浄土で正定聚・不退転につくのではなく、他力の念仏により現生で正定聚・不退転に住して命終と共に往生するという点にある。（同前）

という臨終往生説に立って、死後の浄土を主張すると解する。すなわち、

上田師の誤解されたように前者は命終後の往生、後者は現生での往生という点に認めていないことは明らかである。（同前）

というように、現生か命終後かを、往生について反省していると読んでいる。だが、上田は自らの「往生」についての理解に全体として欠陥があったと認識しているのであって、極端に言えば、親鸞においては、「往生」は問題にならないとの見解である。いわゆる分別で考えられているような往生は、否定されている。その否定によって超えられたところで成立する「往生」が「真の仏土」への「往生」として述べられているのである。

つまり上田の遺作に照らして言えば、真の往生は常識的な往生の捉え方でストレートに成り立つものではない。こと親鸞の往生論というかぎりは、これまでにありえなかった視

点で画期的な観点を示したという「真宗」としての「往生」のことである。

ところが、小谷の解釈は「他力による往生」というのは、

他力の念仏により現生で正定聚・不退転に住して命終と共に往生するという点にある。(同前)

とする。それでは宗祖の「難思議往生」にならないと思う。つまり、双樹林下と難思の二往生が自力の往生であることは、真宗の往生論の眼目になっているからである。単に「難思議往生」が「他力の往生である」というのでは、世間一般でいう自力に対する他力になってしまう。宗祖のいう第十八願の仏力・他力の往生は、自力に対する徹底的な自覚を問うところが要点である。その第二十願の問題に目を向けることのない往生論は真宗の往生論ではないのである。

宗祖のいう「往生」は、思議を完全に超えてしまった往生である。われわれの理知の分別では思議することのできない往生である。すでに紹介した梶山のいう二河白道の例が適切である。目前に生きるか死ぬか、とび込むか止めるのか、切羽詰まったところの往生である。そのままとび込んだところで阿弥陀仏に出遇う。その往生の実際を示さなければな

らないのである。事実としての具体的なあり方が明らかになるか否かのことである。ゆえに、

後に「現生往生説」を述べた書として知られることになる『親鸞の思想構造』所収の論文へと展開されたと考えられる。しかしその論文に根本的欠陥があることを博士自ら記しておられる（同前二八三頁）

ということで問われることになるのは、

親鸞の場合においても浄土は来世に考えられていたものと認めるべきことを次のように述べておられる。（同前）

と上田論文を引用しているところである。思想史的に見ても浄土は

彼岸を来世に見る（中略）往生思想となった、（同前二八四頁）

と言っている。この点については、すでに序論の第二章第三節で疑義を呈した。

しかも、その点をより強調して、

上田師も後には、親鸞の往生観の重要性が従来の死後往生の往生観とは異なる現生の往生を述べたことにあるのではなく、現生で正定聚・不退につくことを教える点に気

づかれて次のように述べておられる。（同前三三六頁）

として、

私自身この論文に根本的な欠陥があることを、その後の研究によって気づいた。（『思想構造』九七頁）

との文を『真宗の』（三三六頁）に引用し、上田が未来往生を述べたものと解している。

しかし、上田は往生が主題なのではなく、信心が中心だということに気づいたと反省しているのである。そこで、今、小谷が引用した文に続く上田の記述を以下に示す。

親鸞が（中略）信心獲得のときに正定聚・不退の位につくという従来なかった思想を主張するようになったことに根本の原因があるのだが、この論文を書いた当時の私はそのことを知らなかった。（『思想構造』九七頁）

親鸞において最も画期的なことは、「即得往生」を主張したということよりも、むしろ不退の位を信心獲得の時だとしたことである。このことによって源信・法然という系譜を辿って来た日本の浄土教は、中国浄土教の善導をつぎながら根本的転回を遂げたのである。（中略）親鸞が臨終来迎を否定して、臨終を待つべからず、尋常のときに弥陀をたのむべしと教えたことは、その思想の現れである。新たに成立した親鸞の他力廻向の仏教は、信心獲得の「現在」「今」が「教え」あるいは「思想」全体の中心である。これを中心として「時」の思想が展開される。「不退の位」と「即得往生」は、そういう全体系の中に位置せしめられている。

（同前九八頁）

さすがに絶筆だけのことはある。上田の渾身の力作だと思われた。しかも私への厳しい贈り物でもあった。宗祖の語っているその真髄を見失って、自分勝手な思い込みにいつの間にか陥っている自分である。ゆえに特に考えさせられたのは、「今、ここ」が「現在」の事実としておさえられているところであった。「親鸞の他力廻向の仏教」の「教え」・「思想」の「全体の中心である」のが、「現在」している「今」の「時」の思想だと指摘している。臨終を待つのではない。死後に実在していると憧憬される浄土を幻想するのでもない。

何らかの保証があるならまだしも、ただの予測だけで願望するというのは、古い体質の浄土観である。その虚構は親鸞によって完全に超えられた。この点が、上田の遺言のいわんとする、親鸞の画期的な叡智によって明らかになった真宗の独立性となる。その中核が

「真実の信心」である。「信楽の獲得」であり、現生正定聚である。現生不退のことでもある。

ところが、ここでどうしても問題が残るのは、「今」も「現在」もすべて言葉になってしまって、その語の指し示している意味を直接的に知ることはできないことである。まさに『智度論』のいう通り、指を見ることはできても、月を見ることははなはだ困難である。この聖訓は、普遍的な問いを呼びおこしている。ゆえに、義に依るためには言語を絶対化することなく、その固定化から逃れる方法を求めなければならない。義に依ることさえも否定するのである。

「依る」ことによって実体化される、その凝然状態からの脱却である。それが「義なきを義とす」の意味だと思われる。「現在」も「今」も現に在るといっても、唯識で言えば「現行」である。とどまることのない流れである。瞬時の停滞もない流れとしてのみ「現在」はある。そのことに気づくことができれば、「義」という依り処さえ固定化しないという生き方が可能になるであろう。「語」を有化しないのは言うまでもない。ただし、「語」も「指」の役目を果たせるのであるから、その意味でただ否定すればいいというものではない。こだわることのない活力に充ちた支えに気づくことである。そうなれば、思いがけない強烈な力を賜わるというのが、上田の「親鸞の廻向の仏教」だと了解できた。

その他力の本願力を真向から受け止めるのが「信心獲得」といわれている第十八願の「信楽」であろう。「一心帰命」の信心である。同時にそれは金剛心であり、菩提心でもある。その信心が他力の大悲の願心だというのが、宗祖の「天親和讃」であった。

# 第二章　曽我教学の往生と成仏

## 第一節　往生は心の唯識

「往生は心にあり」についての、曽我説は次の言から始まっている。

私が往生は心にありというのは、成唯識論に照してみると、心というのは第六識、第七識である。成仏は身にある。身とは第八阿頼耶識である。阿頼耶識も識というのだから、心でないかといいますけれども、阿頼耶識は身心一如の識であり、身心一如の自覚である。ところが第六識、第七識というのは、心と身を分けた立場で働いている心の働きであります。だから往生は第六識、第七識にあり、成仏は第八阿頼耶識にあります。

（『往生と成仏』二三頁）

私にとっては目の鱗が落ちるような講話であった。そこで要点についての私の了解を述べる。

ものごとを決定できるのはわれわれの判断力である。認識することが意識することも含めての心理作用の範囲内のことになる。実際に私の経験している状況も心の問題になってしまう。そのことをまず認めるしかない。

その場合に、ものごとの善し悪しなどを判断する作用を、唯識では第六意識という。通常の心である。そのような心の見方は『歎異抄』第十六章では、

日ごろのこころにては、往生かなうべからず（下略）

（聖典六三七頁）

となっている。その「こころ」では往生は不可能といわれているので、曽我の言う往生の問題とぴたり合う。

その第六意識を深いところで支えているのが、第七・第八の二識である。心理学的には深層意識といわれる深い心である。ここで見逃してならないのは、第六識と第七識が「心」で、第八識は「身」とされている点である。身の方が成仏するのであり、心は往生するという。突飛もない主張を曽我が始めたようにも見える。ところが違うのである。実は重要な示唆がなされているのである。批判的に見る人がいても止むを得ない。ただし、その批判している立ち位置がはなはだ問題なのである。つまり、もっとも頼りになると思われる第六意識が、第七マナ識に支えられてしか機能しないために、最大の欠陥を示すことになるからである。そこで焦点を絞って曽我の言わんとすることを明らかにする。

まずアラヤ識は「身心一如の識」であり、又「身心一如の自覚」であると言う。特にこの「自覚」は「自証」とも関連して『如来表現』の最大の課題として、すでに論じた。
（本論第二章　自覚する自体相と自証、八三頁〜）

曽我はアラヤ識も「識」といわれる限り、心であり、身ではないだろうという見方に対して、「身心一如の識」というのは、両者は切り離せないところがあるというのである。しかもその面を保ちつつ、別であるともいう。その関係を示している語は『論註』の「異にして分かつべからず。一にして同じかるべからず」（『教行信証』「証巻」、聖典二九〇頁）である。ちなみに、この文の和訳は、

異なったものであるとはいえ分けることはできず、一つのものであるとはいえ同じだということはできない。（『解読浄土論註』巻下、一一八頁）

である。この場合は法性法身と方便法身についてのことであるが、その境界線をどこで定めるのかなどともかかわって、たいへん難しい問題となっている。

アラヤ識は身について言うのであり、意識とマナ識は心についてのことである。両者ははっきり異なるとなっている。今まではその点が曖昧だったが、ようやく違いをはっきりさせることが出来たと言うのである。

続いて八識が四智に転じられることを述べる。

妙観・平等初地分得、大円・成事唯仏果起（深浦正文『唯識学研究』七二七頁）

はよく知られた初学者の暗記用語である。この語についての曽我の解説は懇切である。

第八識を転じて大円鏡智を得、前五識を転じて成所作智を得ることが仏果になる。菩薩が十地の修行をして、等覚から妙覚に至り成仏する。その時に前五識を転じて、神

通遊戯、いわゆる方便化身、還相廻向の働きがある。還相廻向の菩薩の不思議の働きは、前五識を転じて成所作智を得ることによる。これは仏様でなければ出来ないことであります。

（『往生と成仏』二三～二四頁）

と言われている。

八識と四智の関係はいわゆる「転識得智」といわれる重要な課題である。宗祖の「悪を転じて徳を成す正智」や「三願転入」ともかかわり、唯識の実践論としては注意深く考えなければならない。概略をいえば、アラヤ識の転じられた大きな鏡に譬えられる智慧のはたらきと、前五識の転じられた成所作智は仏果としてのみ成立するもので、「仏様でなければ出来ない」と言われている。恐らくこの時、曽我の念頭に浮かんだのは「行巻」引用の『浄土論』の、「今日阿弥陀如来の自在神力」（『教行信証』「行巻」、聖典一九八頁）だったのではなかろうか。現在性をもって、自由自在にはたらいている、生きている阿弥陀如来のおすがたである。ただの難しい教理の話ではないと思われた。そのはたらきは方便としての神通遊戯であるが、自由自在に適切に事柄に対応できるということで、菩薩の不思議な還相廻向のことにもなるのである。

最後の段落（『往生と成仏』二三一〜二四頁）では「往生は前六識」、「成仏は第八識」と「私ははっきり決めることができる」と言われている。ここから本格的に始まるともいえることの講話の意味は大きいと言わなければならない。

まず注意しておかなければならないのは、ここでの曽我の思索は、前段で言われていた第七マナ識が隠れている点である。第六識は第七識に支えられてのみ第六識として機能しているのであるが、そのことに第六識は全く気づいていないという点であった。すなわち第六識そのものは自分を支えているマナ識に気づけないところに焦点を定めたのである。前六識が往生の世界というのは常識的な判断のところであるが、自らの無意識の闇は感知できない。それに対して成仏は第八識の世界になる。それぞれの領域の違いは「法相」でははっきりしているのである。

したがって「真宗の人は、往生はいのち終った時と考えている」（同前二四頁）というのは、われわれの体質に含まれているそのような往生の考え方といえる。ある深い錯覚を抉り出していることになる。それが「諸行往生」の語に集約される第十九願の課題であり、『観経』が明らかにしているところの方便化土の世界である。

その点についての講義が次の問題として解明されていく。「諸行往生」についての宗祖の御領解を示す一例は、『末燈鈔』第一通である。次のものである。

来迎は諸行往生にあり。自力の行者なるがゆえに。臨終ということは、諸行往生のひとにいうべし。いまだ、真実の信心をえざるがゆえなり。また、十悪五逆の罪人の、はじめて善知識におうて、すすめらるるときにいうことばなり。真実信心の行人は、摂取不捨のゆえに、正定聚のくらいに住す。このゆえに、臨終まつことなし、来迎たのむことなし。信心の定まるとき、往生またさだまるなり。

（『末燈鈔』第一通、聖典六〇〇頁）

「観経往生」については、次の所説が明解だと思う。

どういうことを往生というのか。観経往生と大経往生とを御開山さまははっきり区別されておられます。それを今日になっても観経往生と大経往生とを混乱して考えているのです。観経往生は生命終る時に往生する。そういう人は此の生においては邪定聚の機であると仰言った。生きておるうちは往生については殆ど絶望しておるものであります。願うても、願うても往生できませぬが、どういうものでございましょうかというのが、観経の世界であります。願生するから往生できぬ、往生できない証拠は願生しているからで、往生できたら願生はなくなるであろうと考えるのが、観経、邪定聚、雙樹林下往生というものでございます。

（『往生と成仏』三八頁）

観無量寿経をみると、願生しているのは得生していない証拠であって、得生したら願生は消えてしまう。ところが大無量寿経は願生の処に得生があります。願生のないところには得生はないのです。それを観経の立場に立って、本願成就の文を読むから、本願成就の文の思召し、あるいは本願の三心の思召しがよくわからぬのではないかと思うのです。

（同前三九頁）

「至心に廻向したまへり。彼の国に生ぜんと願ずれば即ち往生を得」これを、彼の国に生まれんと願ずる時には往生を得ないと考えるのです。欲しい欲しいという時はものがないからそういうんであります。ご飯をたべたいというのは、お腹が空いているからで、満腹したらたべたいといわない、これは物賢《（質カ）》主義の世界であります。精神世界は違います。精神世界は得生するほど願生が盛んであります。願生と得生が矛盾撞着しないのが真実報土の往生であります。得生と願生が矛盾撞着するのが観経往生で

あり、方便化土の往生であります。（同前）

また、第二講の（一）では、

往生とは要するに生死を出ずることでありましょう。（同前二六頁）

と定義し、

生死を出ずるということと、成仏するということは、すぐ一つだというわけにはいかぬ。煩悩具足の身を以ては成仏することはできない。（同前）

と言う。

親鸞聖人は、「生死を離れる」と言うことは、信心決定の時に生死を解脱すると、教行信証の信巻にちゃんと書いておられます。無上涅槃をさとることは、現生においてはできない。それは明瞭であります。（中略）真実信心をうるときに生死を解脱する。だから生死解脱と無上涅槃をさとるということは、はっきり区別することが必要であります。これを混乱すると信心のご利益はなくなってしまうのであります。（同前五四頁）

したがって、

往生と成仏を混乱しないこと。往生はこの煩悩具足の身をもって達するのであり、成仏はこの煩悩具足の身が終って新たに金剛不壊の身、いわゆる金剛那羅延身を得て成仏するのである故に、成仏は未来であります。（同前二二六頁）

と述べる。また、「一益法門」については、次のように言われている。

信の一念に往生は定まるということは、往生を予約したということではありません。往生はいつするか。往生を今するんなら一益法門ではないかという。しかし往生しても一益法門ではありません。成佛したら一益法門、そうでありましょう。

往生は心にある。往生によって我々の心に無限の世界を与えてくださる。無限の世界は光明の世界、光明遍照十方世界、すなわち安楽浄土でありましょう。（同前三三五頁）

以上のような曽我の一益法門説に対して、小谷は香月院のいう「異解者の一益法門」についての『浄土論註講義』の文を挙げる。すなわち、

異解者はこゝで一益法門をいひたてるなり。身は娑婆にありながら信の一念に無量光明土に往生して浄土の菩薩になりておるゆへ、穢土の仮名人と浄土の仮名人とは異な

ることを得ず一つじゃと言ふ。（『浄土論註講義』一四八頁）

とある。

この文を論拠として小谷は、「「往生は心にあり、成仏は身にある」とするのと同種の解釈をする者」（『真宗の』二五八頁）について、香月院は、

「異解者はこゝで（中略）一つじゃと言ふ」と厳しく批判している。（同前）

と断定する。

ところが、香月院がこの文とのかかわりで、言っているのは、異解者のいう一益法門は「法体円融門」での見方であって、

一味平等の理体である無量寿のところに単身直入するとき、心命尽きて浄土に生まれたと考える邪義である。（中島覺亮『異安心史』一一一頁、無我山房）

とし、「正定即滅度の一益を言ふ」とある。また、「穢土の仮名人と浄土の仮名人とは一なる事を得ず別じゃと言ふ」者もいるが、これは「穢体差別門」での見方で、

正定聚は穢土の益、滅度は浄土の益と分れる事じゃと云ふものあり。（中略）この論註の文を拠として一益を骨張するやうになりたり。まことにあらう事でなはし。

と言っている。そして、「この論註にとく処は、前後の文をよんでみれば知れた事で、聖道門の人師」が、

（『浄土論註講義』一四八頁）

通大乗をおしたて、願往生の義を難ずる故、曇鸞大師その難を通釈し給ふに就て、かの敵、馬に乗りて敵を逐うの風情で、向ふの相手の三論四論の法門を以て反つて往生浄土門を成立し給ふ所、その趣文にあらはれてあり。然るに穢土の仮名人浄土の仮名人の文ばかりが蓮の実のとびでたやうに、今家の平生業成の安心を述べ給ふべき筈はないけれども、（中略）御聖教の御指南もない所を我身の字ちからを以て妄解をなし、異安心を申し立てる、それこそ相伝もなき僻法門なりと知るべし。

（同前一四八〜一四九頁）

という。つまり、「今家の平生業成の安心」とあるように、往生浄土門では未来往生を主張するだけでないことが明示されている。しかもこの説の前段には、

鸞師この一問答を設けて三論宗の実義をつくし、真俗二諦相依の法門を以て、他の妨難を拂ひ往生浄土門を興隆し給ふ処なり。

（同前一四八頁）

とある。また少し後には、

この一問答は往生の義について不一不異等の義をあかす。曇鸞大師はもと四論の講説を事とし給ふた三論宗の碩徳なるゆへ、三論八不の法門を以て釈をなす所なりと云ふ事なり。『六要鈔』の御指南じゃからは、これをこそ今家相伝の説と称してもよい。委しい御釈はなけれども三論八不の法門で書いた一問答じゃとさへ気がつけば、問も答もなんの事もなく解せる処なり。（同前一四九頁）

とある。そしてこの節の最後は、

今曇鸞大師聖道門からの妨難を拂ひ給ふに就て、その時盛なる三論宗の八不法門を以てきてすぐに他の妨難を拂い給ふ。（中略）いかさまこの勢ひで御会通し給はゞいかなる難者でも舌をまくはづなり。これによりて一切道俗靡然として曇鸞大師へ帰依し奉り、つひに鸞師は漢土に於ての浄土門の始祖となり給ふなり。（同前一五一頁）

と絶賛している。小谷の言うところとは、かなりの異なりが見えるのが、ここでの香月院の説である。

## 第二節　難思議往生の深奥

第三講の（一）

三往生の中の第一の名前が難思議往生、自分で思うことも、言葉でもってわかることもできないことを難思議といいます。我等人間の分別の心では、思想・思考・思索することもできないし、言葉をもって表明することもできない。これは第十八願の真実報土の往生であります。これは往生は心にあるが故に、信心決定のときから命あらんかぎり、決定往生の生活をするほかはないのであります。この往生は常に畢竟成仏と連結しているものであります。往生の到達点が無上涅槃であります。（命が延びれば往生、命終れば成仏である。）往生と成仏は必然的関係をもっており、この二つを混乱することはできないが、引き離すこともできない内面的必然の関係をもっておるのであります。「弥陀の誓願不思議に…」という不思議と、難思議とは同一であります。

（『往生と成仏』四七頁）

という。難思議往生が説明できるとするなら、それは脱けがらの難思議だからである。生きている真の難思議往生は、いかなる解釈でも捉えられない。虚空や空気は経験として感得するしかないのと同じである。「こころもおよばれず。ことばもたえたり」（『唯信鈔文意』、聖典五五四頁）はそのままのことでしかない。そのことを表現できる言葉などあるはずがない。それができると判断するのは、第六意識の虚妄分別だけである。われわれの日常的意識がどれほど依り処にならないかは、実際の経験において確かめるしか方法はない。何ごとでも解釈できるとする傲慢さは、「日ごろのこころ」の錯覚にすぎない。

続いて「定散自力の信心」は、

全く佛教について何の信心もないかといえば、そうではなく、その人は罪福の信心、罪は悪、福は善で、自分の心に善心がおこり、悪心がおこると、そのたびに信心が動揺し動転するのであります。故に十九願や二十願の信心は、世間一般でいう信心であります。佛教以外の諸々の信心、現世祈祷する信心も、一応の信心でありますが、すべてそれらの信心は、罪福を信ずる自力の信であります。（『往生と成仏』四八頁）

この章で最初に述べた第六識と第八識、日常意識と身心一如の自覚識との関係が見事に活写されている。「人間の分別の心」が第六意識であるから、「思想」も「言葉」も役に立たないのであるが、それが「第十八願の真実報土の往生でありえます」と言われている。その「往生は心にある」ので、「決定往生の生活をするほかない」のであるが、「この往生は常に畢竟成仏と連結している」とある。「往生と成仏」は『論註』の「異にして分かつべからず、一にして同じかるべからず」の関係であることを、「内面的必然の関係」としてより明解に言い切られている。それに対する観経や阿弥陀経の信心は「不了仏智とか、仏智疑惑ということになり、ほんとうの意味の信心ということはできない」（同前）として、その正体が明示されているのである。

## 第三節　「無生の生」の往生

『論註』の「無生の生」については、別稿『親鸞教学』第一〇九号で一応の見解は述べた。しかし、改めて往生と成仏という視点から見直す機会を得て、曽我の言わんとするところを辿ってみると、その奥行きの深さには並の思索などでは到底追随できないところのあることに気づかされた。たとえば、「如来清浄本願の　無生の生なりければ」（『高僧和讃』、聖典四九三頁）とあるように、『論註』の「無生の生」は、如来の清浄なる本願の深みにおいて成っている「生」である。そうなると、「本」はいろいろあるとしても「一二もかわることぞなき」なので、一心・一道・一如などの「唯一」なるところと必然的に関係している。そのような視点で「無生の生」を見ることなど、前稿の場合には頭の隅をかすめることさえなかった。今回、改めて愕然とせざるをえなくなったのは、そのような背景のあることが確認できたためであった。

そこで、以下の文（『往生と成仏』五二頁）で確かめてみると、「無生の生」は「真実報土の往生」であると言われている。『高僧和讃』曇鸞章の言うところであるが、その意味での無生の生であると言う。つまり、「我らが如来の本願を信じてその信心が真実であり、清浄であるならば、その信心のご利益として、信心の智慧が与えられるのでありますと言う。この「信心の智慧」が「悟りでありましょう」とある。ところが、「悟りとは、真実証で、無上涅槃の証であると決めるわけにはいかぬ」となっている。すなわち智も慧も「さとり」の意味がある。だが、われらは今の生死の体をもっておっては、無上涅槃のさとりをうることはできませんが、しかし、無生法忍をさとる。つまり、無生法忍をさとるというさとりは、すなわち往生の智慧でありましょう。往生浄土のさとりというさとりは、信心によって無生の生をさとることであります。すなわち往生することでありましょう。（同前五二頁）

と言う。

すでに紹介した（本論一五九～一六〇頁）ところでは、我々ごとき凡夫でも無生の生を了解できるといわれていた。それは学問で論議することではないからである。如来回向の信心で「おのずから無生の世界がひらけてくる」と言う。この点とも関連して、無生法忍と無生の生の智慧は同じと解している。これは通常の解釈ではない。「無生法忍をさとる」のは「往生の智慧」である。それは信心の智慧でもある。対して、「無上涅槃のさとりをうる」と言われる「真実証」は別と見る。

無生の生の心境が心の中に開けてくる。（中略）浄土がひらけてくるといえば、それは無上涅槃ではないかというに、それはちがうのであります。心に浄土が開けることと、無上涅槃のさとりはちがうんであります。（同前五三頁）

また、「無生の生」の「生」は「得生者の情なり」とある。

得生者の情は、迷いの情ではありません。これは一つのさとりでありましょう。信心の智慧としてのさとりであります。それなら何も学問のない人が無生の生などということがわかるわけはない（中略）といったり、思っている人もおられるでしょう。これはやはり仏法の不思議、誓願の不思議によって、文字の解釈とか学問がなくても、実際の生活の上において、無生無滅、不生不死の境地が会得されるのでございます。

（同前五二一～五三頁）

となる。

以上の説で明らかになることは、「学問」とここでいわれている「善悪の字しりがお」の理知がなくても、無生無滅、不生不死といわれる深い境地を会得することができると述べられていることである。「信心の智慧」の「さとり」としての感知力は、一切衆生の生命力に属していて、部分的にすぎない頭脳の分別智とは異なるとする見方である。

ちなみに香月院は「無生の生」について、次のような見解を残している。

まことに願往生の義は往生浄土門に於ての一大緊要なり。しかる処、聖道門の人師からは大乗の経論を以てこの願生の義を妨難する事があるゆへ、鸞師問答料簡してその疑難を釈去し、往生浄土の宗義を成立し給ふ大切な処なり。（中略）今衆生のその体本来空なものじゃによりて生ずると云ふ事は畢竟してないものじゃと云ふので、衆生畢竟無生と云ふ。（中略）実の生死なしとは、もと衆生の体が空なものじゃによりて、別に一衆生の実態がありて此に死し彼に生ずると云ふ生死もない事なり。

（『浄土論註講義』一四四～一四五頁）

是の如く言ふ時は世俗諦第一義諦の二諦の法門はない事になる。如レ此畢竟空の中に於て反つて種々の過を生ずるゆへ、龍樹菩薩これらの為に『中論』を造り給ふとあり。然れば今聖道門の人師が大乗の経論に衆生畢竟空無生と説く文字にそむいて往生浄土の道を塞ぐものあるは、これは龍樹菩薩の『中論』御製作の本意にそむく事なり。

（同前一四八頁）

そこで、観経往生・双樹林下往生を見直すと、それは臨終往生となり、来世往生となる。第十九願の要門だからである。ただし、必要だからといって、そこだけにこだわると真宗の往生論を偏って見ることになるのではないか。それが宗祖の往生の中心であるというのは、あまりにも独善的な見解に思われる。第十八願の難思議往生は「言語道断行処滅」（『華厳経』巻五、大正九　四二四c）であるために、考えることも文字で現わすこともできない領域である。曽我が難思議往生を願生するしかないというのは、果てしない世界への願いに生きることこそが、往生論の枢要だからである。第八アラヤ識での感識は願生心こそ菩提心であることを示している。

曽我は「精神世界は得生するほど願生が盛ん」（本論一七八頁に引用）と言っていた。具体的にいえば、宗祖は「報恩講和讃」で、

三朝浄土の大師等　　哀愍摂受したまいて
真実信心すすめしめ　　定聚のくらいにいれしめよ　（『正像末和讃』、聖典五〇五頁）

と。すでに正定聚不退に入っているからこそ、益々そこへの廻入を願わずにおれないと述べられている。曽我説の明証になるのではないか。頭だけで観念的に考える抽象化では願生心に転入する力の欠落に陥ってしまうであろう。

ゆえに、「難思議往生」についても見事にディジタル化されて、「往生」の文字だけになり、その「義」は失われてしまう。通常われわれが行っている「日常的判断」の正体に気

づかないためである。「こころもおよばれず。ことばもたえたり」が難思議の語の示している義である。その義を理解できなければ語だけを固定化して、生きている義とは関係のない絵空事に熱中してしまうと思われる。

それに対する曽我の了解が「第十八願の真実報土の往生である」(本論一八四頁に引用)。「信心決定」という「現生正定聚」に生きることだと言う。生きている事実のことである。

## 第四節　如虚空の感知

「空気が読めない」という言葉をよく耳にする。その場の雰囲気が読めないという場合であるが、どういうことか。実際の経験を考えれば、必ずしも難しいことではない。生きている人間関係の中で感知できることである。相手に対する配慮が欠けているために、折角の雰囲気をぶち壊してしまうような発言をしたり、態度をとる。自分のことしか考えないエゴのために、その場の状況が理解できないのである。

空気をより深く考えて「虚空」と解するとしてもそれだけでは、「虚空のごとし」の真奥がわからなくなる。「虚空のごとし」には二種あるのにその違いを了解できないためである。一は、実在しないもののことであり、二は仮にあるものである。その「仮」における「真」の顕現が「法性真如身」との出会いとなる。つまり、空気のようなものなので、掴むことなどできないが、その雰囲気はわかるものである。その状態が「そのまま」なので「如」と訳された名訳である。その如は如々ともいわれるが、有でもなく無でもないことなので「空」といわれる。そのあり方が「虚空のごとし」と譬えられているのである。

では、虚空が「有る」のかとわれわれの理知は必ずこだわるのであるが、そのように決まったものがあるのではないと否定する。ただし、否定したからといって、何も無くなってしまったのではないという。その有り方は、有るとはいっても微妙そのものであり、「妙」が漢訳として優れている所以である。

いずれにしても、「如」も「妙」も、否定されて「不如」とか「不妙」などとなる語でないことは先述した。つまり、否定をも超えた意味をあらわしたのである。ゆえに「如」は来ることもなければ去ることもないので「不来不去」である。ところがその如から、われわれの現実の世界に「来る」のが「如来」である。方便法身である。「いろもなし、かたちもましまさず」といわれるわれわれの現実から離れたところの「ありかた」が「如」である。その「如」から、それ自体が自らを否定して、われわれのところへ来ることになった。「コトバ」として語られた「仏説」である。「コトバ」を超えたところから「コトバ」になって、「こころもおよばれず。ことばもたえたり」という表現をとったのである。沈黙からのコトバという空観の「カナメ」の意味になる。

福永・梶山を始めとして、今は鬼籍にある諸善知識が仮仏仮菩薩として、生き生きとした「コトバ」で、私の身に「かげのごとく」寄りそって下さっている。そのことにやっと気づくことのできたのは「コトバ」の無限性にかかわることであった。そこから有限のただ中に現れる。それが方便としての「コトバ」の深さであった。梶山の語るところであり、曇鸞のいうところでもある。その意味を見事に言い当てた宗祖の「真の宗」の意味は深いといえよう。

とにかく、そのような表現をするしかないのが「即証真如法性身」の真如であり、またそのあり場所は蓮華蔵世界となる。ブッダの自覚を示した根本仏教の真意を、大乗仏教として確認したのである。それが華厳経のいう仏の自内証として菩薩達が語る、大いなる真実の世界である。

第四講の（一）

その第一が『愚禿鈔』の「前念命終」「後念即生」（聖典四三〇頁）の往生論である。曽我は言う。

前念に命終するということは、我等の肉体の生命が終ったということではなくして、我等の自力我慢のこころのいのちが終ったということであります。

（『往生と成仏』六六頁）

と。自力の執心のもつ課題は計り知れないのであるが、それが解決したのが「前念命終」であった。「命終」の語があるから「肉体の生命が終った」と考えるのは誤りであるというのである。次の、

現在の一念には方向があり、進行があり、そして停止しているのではない。

（同前六七頁）

というのは、現在は現行なので進行があり「停止しているのではない」と言っているので

ある。しかも、「一念」という一瞬であることは既説した。その一念には方向があると言う。この点は重要な指摘である。したがって、

本願を疑うているものは、本願の呼声を聞くことができないのであります。本願を信ずるものが、その本願を信ずる時に、如来の招喚というものに接するわけです。本願そのものは普遍的でありますが、本願を受取る信心は特殊性をもつものであります。

（同前六八頁）

となる。

本願の方から呼んでいるのであるが、その呼声が聞こえなければ「疑い」の囚人になるしかない。その疑がはれて本願を信ずることができたときに如来の招喚に接すると言う。本願は普遍的であっても、それを信ずる信心は特殊的であるために、一人一人の問題となる。この点も疎かにはできない。

二十願にとどまっている人は、二十願を意識しない。真に廻心懺悔の心がないものは、形の上の専修念仏であるが故に、それで満足し止まってしまう。（中略）真実の願心に目覚めず、一応自分の願いが満足したということになると、さらにその上に願生とい

うものがでてこないのです。そういうところにとどまっている人を自力疑心の人と名づけるのであります。（中略）三願転入という（中略）つまり二十願に果遂の誓いという深い意味（下略）（同前七〇頁）

がある。

それを専修念仏というところで一応わかったとし、自分の願も如来の本願も成就したと、本願成就の文を読んでいる（同前）

それでは、

信心歓喜してみたところが、それが本当の如来廻向の信心歓喜ではないのです。（同前）

二十願に止まってしまうと、二十願を意識しなくなると言う。すでに述べた唯識でいえば、第六意識しか知らない者は、第六意識を自覚できないのと同じ原理である。第十八願の回心という真の回心には懺悔がある。形の上だけの専修念仏であれば、止まってしまう。そこで満足してしまって、それだけである。「自分の願いが満足した」というだけで、それ以上ではない。それでは真の願生心に目覚めたことにならない。願生という生きる意欲そのものが湧いてこない状態である。「三願転入」というところで言えば、二十願における「果遂の誓い」のもつ深い意味がわからないのである。自分の願も如来の本願も成就したと、自分勝手に解釈して安心している。それが信心歓喜であると言ってみても、口先だけのことで、何の力も湧いてこないであろう。いわゆる糠喜びにすぎないと言える。真の意味での如来廻向の信心歓喜は、その程度のものではない。宗祖の表白に示されている「悲喜の涙」の語っている「証道いま盛なり」の新鮮な信心歓喜の事実である。われわれにとっての厳しい指摘となっている。

助ける縁も手がかりもないものを助けよう。それは結局、衆生が助からない限り仏さまも助からぬ。如来は衆生と同じ境地におられる。（中略）助かる縁もないけれども、それに絶望しておられないということです。機の深信は絶望だと解されているようですが――絶望しておられない。（中略）仏さまにおいてもそうであるし、我々においてもそうじゃないかと思うんであります。そこに機の深信から法の深信というものを呼び起こしてくる一つの不思議というものがあるのではなかろうか。（中略）悲しみは、（中略）悲しみのところで終ってしまわない。悲しみが帰着点ではなくして、不可思議の誓願を呼び起こすのでありまして、単なる絶望とかと解するわけにいかないのです。
（同前七四〜七五頁）

重要な示唆のなされている箇処である。手がかりが何もないところで、どのような助け方があるというのか。その者を助けようとする心こそ大悲の願心であることは何となくわかる。だが、助かりようのない身であるということは絶望的な状態のようにも思われる。ところが、それが自覚である場合には、不可思議な転換が起こるのである。機の深信は絶望であるとして、その事実を認めようとしない立場もある。しかし、それは誤りである。曽我は「絶望している閑暇がない」と言う。そこで絶望に対処する力を見出しているのである。その力は理知を超えている。ゆえに不可思議といわれている。通常の論理を超えた論理となる。その論理によって「不可思議の誓願を呼び起こす」ので、法の深信の発起となる。大悲の誓願の「悲しみ」と関係している。しかも悲しみで終ってしまうような悲しみではない。そこから始まるような大悲である。ただ絶望するというような絶望ではないからである。誓願という願生心を生み出す「悲しみ」であり、「懺悔」となる悲しみである。

いずれにしても、この不可思議が、難思議であるために、難思議往生となるのである。ありえないことがありうることになる、超論理の事実である。理知で考えてもわかることではない。だが、事実として成り立っている誓願の不思議である。それは仏法不思議、他力不思議ともいわれる真宗の奥義を示すものである。

第四講の（二）

「信心以外に別体がある」わけではない。

信心の中に欲生という意義をもつ、その意義が重大である。（中略）信心の中に欲生我国という願の意義を持つのであって、信心で救われたらもはや何も願うことはない、ありがたやありがたやといってただ喜んでいるというような、そんな軽い意味ではない　（同前七九頁）

欲生とは助かったことが有難いというのでなしに、如来が昔本願を起こして、助かるまじき我々を、助けんと思い立ってくだされたその昔に立ちかえって、本願を起こして下された仏さまのやるせない御心にさかのぼってゆくところに、限りなき問題があ

るのであります。（同前）

この問題は、

従来の真宗教学では、（中略）欲生を軽しめ、のみならず欲生をもて余し、邪魔にしていた（中略）だからそこに、なにか自力的なにおいを感じて、欲生をもて余して、欲生を解消している。別体がないんだから、信の一念に欲生が成就し願がなくなってしまうというふうにいい加減に扱うものだから、罰が当たって欲生が亡霊となって信心を妨げているのでしょう。（中略）その信心には欲生という大きな意義をもつ。体がないから軽いと昔の宗学は弁護していますが、欲生は信楽の義であります。義は単なる義でなくはたらくのであります。生きてはたらいているところの義です。（同前八一頁）

前念命終ということは、信に死して願に生きると、私は了解しています。（中略）ほんとうの問題は信心によって我らが助かったというところから、真の宗教生活がはじまるのであります。（中略）我国に生まれんと欲えと、我らを招喚したまうということは、仏さまの本願が成就し、自分は助かったと、そこで終らずに、助かったところから更に本当の仏法の世界と信心の生活が開けてくるのでありましょう。だからして至心信楽欲生我国というところに永遠に死なない浄土真宗の人間像があるのであります。それが至心信楽で終ってしまうと、なんの人間像もない。そうでないですか。

（同前八〇頁）

信楽から欲生がひらかれる。そこに信楽が欲生という意義になって信は願という意義になって信楽が生きてくる。信楽が、一面は信楽であるが、その信楽全体が欲生になる。至心信楽全部が欲生としてあらたに名のりあげる。信楽は欲生として生き、蘇るのである。信楽が信楽としての相は信の一念で終ってしまう。第二面は欲生であり、欲生我国という相をもって信楽は永遠に生きる。

（同前八一〜八二頁）

「信に死して願に生きる」という語もよく知られているが、内容が直ちにわかるとはいえないところがあった。しかし、ここでの克明な説明によって、その意味するところが浮上してくるように思われた。信楽が第十八願の中核であることは、誰でも認めるところであろう。しかし、中心であればあるほど、その中心の重圧がかえってわれわれ凡愚の重荷になるだけで、それに押し潰されてしまうことがないとは言えない。そのような信楽が第十八願の信楽であると思い込んで、それに縛られているとすれば、生きている信楽でないことは確かである。

その死骸のような信楽を、真の意味で復活させる力そのものが信楽の義に含まれているというのが、曽我の言う欲生との関係であると受け止められた。欲生我国の欲生こそ、願生心として蘇る意欲的な歩みとなる。それが生活になるのでなければ、どうして宗祖の往生論と言えるであろうか。永遠に生きる信楽こそ第十八願の信楽であるとは、まさにその通りと思われた。その生きる力は欲生心それ自体が発揮する、他力の不思議としての活力なのであろう。

本願の主となるということは、如来廻向の信楽の中にそういう意味をちゃんともっていた。信楽にそういう義をもっている。その意義は概念的な死んだ意義ではなく、生きた意義である。だから信楽は欲生として復活し、復活したら欲生は永遠に生きている。私どもは死んでも欲生心は生きている。それが還相廻向というものになる。それこそが欲生心の永遠の相であります。（中略）ここまでくれば自力だの他力だのというような小さい範疇にしばられていない。至心信楽までは自力・他力の範疇にあるが、

欲生というところにくると、それをのり越えてくるのであります。（同前八二〜八三頁）

信心のところで終ってしまうのでは、なんの意味もない。人間に生まれたことの豊かな内容を何も感得していないと言うのであろう。信心で救いは成就したというのは重要な一点である。ただし、それだけでは「画竜点睛を欠く」ことになる。「仏、造って魂入れず」である。それでは「誓願の不思議」はないことになる。われわれが助かったという事実から開かれてくる新しい世界に気づかなければならないのである。そこで真如の無限性とかかわれば「永遠に死なない浄土真宗の人間像」（同前八〇頁）の確立になる。そこから始まる新しい宗教生活の主体が、真実の仏身すなわち法性法身への願生に生きる歩みを可能にするのである。

すでに述べてきたことであるが、改めて確認する。『真宗の往生論』及び『誤解された親鸞の往生論』の「往生」説は、硬直した主張になっていないか。その具体的事例は、次の文章に現れている。親鸞は、

往生して浄土で得られる正定聚の位を現生に得られることへ移行させようとしたのです。（中略）経典では往生して得られるとされる正定聚を現生に移行させようとしまし

た。（中略）親鸞が正定聚に定まることが直ちに往生を得ることを意味すると考えていないことは明らかです。（『誤解』二四頁）

とある。そうすると両者は、移したり、置き代えたり自由にできる「モノ」だというのであろうか。また、

『無量寿経』や『浄土論』の往生思想と異なるものとしてそのままに捨置して取り上げなかったものと考えられます。（中略）親鸞や香月院が手を触れずに捨置した曇鸞の般若経的・中観派的な往生解釈を、世親（天親菩薩）の『浄土論』本来の往生論であると誤解し、それを親鸞の往生理解の典拠となるものと誤解して得られた往生理解です。（『誤解』五四頁）

という言い方もある。移行と同じ発想であることは明らかである。手を触れたり、捨て置いたり自由にできるなら、やはり「モノ」ではないか。もしそうなら、「物質界」である。小谷説は親鸞の往生論は「モノ」を対象にした往生論であると認定しているように思われる。

そうなると、アラヤ識は有根身であった。有根身が自己であり、自身であった。識は心

であることは当然であるが、身にまで究極した心となる。ただ事ではないのである。しかも、その「身」は全体としての身心一如の「身」になる。その全体としての身を、われわれの第六意識の通常のはたらきでどうやって見るというのか。見ることなど不可能である。

このことに関しての例として、鷲田清一の「折々のことば」が目に止まった。

男の人に触れられると傷つくものだと思っていた。抱きしめられて安心するなんて知らなかった。　文月悠光

抱かれるということをいちど、愛や性といった観念と切り離して考えてみたい。身体は自分そのものなのに、その大半は見えない。だからつねに不安を醸す。入浴が快いのも、子どもが狭苦しい空間を好むのも、それによって自分の輪郭と容量がくっきりしてくるから。抱かれて心地いいのもたぶん同じ。詩人の「洗礼ダイアリー」から

（『朝日新聞』二〇一七年三月一八日付、鷲田清一「折々のことば」）

身体性の成仏の問題とそっくり妥当するというのではない。しかし、かなりの部分で共通している問題意識が感じとれた。「抱かれるということ」を「観念と切り離して考えてみたい」というところが面白いと思った。「抱きしめられて安心する」という状態を「往

生論」でいえば、大悲の如来の摂取不捨になる可能性がある。そこで、「安心する」という「安心」は「信心」に相当するのではないか。

また、「身体は自分そのものなのに、その大半は見えない」というところは、曽我唯識は見えている部分はほんの少しという感覚である。ほとんど見えないのが本論で確かめたところであった。しかし、ここでの論点の中心は、自分のことなのにほとんど見えないというところである。そのような関係のもとで生きているのがわれわれの現実である。しかもその「身」が転変そのものというべき現行一刹那の事実である。この点もすでに注意を喚起した。

そこは鷲田も承知のうえで書いているのであろうが、この短文から見事なヒントを与えられたのは幸運であった。逆にいえば、百年前の曽我の身体感覚は普遍的な視野とかかわっていると思われた。そのことがこの一文によって証明されているのは確かである。

# 総結　―法蔵菩薩は如来蔵思想に非ず―

## はじめに

アラヤ識（有根身）が真の自己であるというのは、自身の「身」が主体であるという意味である。したがって、この自己は識なので心の領域のことになる。その心は魂といわれることもある識であるために、「身心一如」としての「身」のところにまで究極することになって、現に生きている法蔵菩薩の発見になっているのである。つまり識であるならば身ではないという常識に対して、身と一如である心が生命力の根源として、われわれを強烈に支えていると感得したのである。

その発見の中枢が法蔵菩薩の降誕である。生理学的な感覚での感招であり、頭で考えたことではなかった。しかも物質として見られることもある身体でなく、「いのち」溢れる活力ではたらいている「身」のことである。その身が成仏すると感得した語が、「成仏は身にあり」である。

すなわち、意識としての単なる心が「神《ココロ》」の魂のところにまで凝縮した。それが「法蔵魂」の発見であった。この魂の精神としての力が他力不思議ともいわれる無限のエネルギーの源である。生命力の根源であるその力は「樹立」といわれる立ち方を取るために、「根」のある根源でもある。その根がゆるぎない統括力をもって「いのち」の全体をしっかり支えている。生きぬく力の確かさへの覚証によって知られてのことである。

そこでは心と身の間に境界線はない。しかるに、あらゆるところにその線を立てて、それを巡っての争いだけに明け暮れている。それがわれわれの日常である。何がそうさせているのか。これまでに明らかになったところでいえば、われわれの理知の分別であった。その分別を超えるはたらきをなしているものを感知したのが、法蔵菩薩の身体論であった。流れそのものとしての無常の転変を、「恒転如暴流」のアラヤ識と法蔵菩薩のうえに発見した。実践的に歩まれている、生きていく道が道理として明らかになったと言えよう。
親鸞聖人七百五十回御遠忌のテーマ「今、いのちがあなたを生きている」を取り上げた「折々のことば」に紹介されている、

「身体こそ魂なのであって、魂という容れ物の中を〈私〉が出入りする」という謎めいた言葉

（『朝日新聞』（二〇一七年九月二二日）鷲田清一、「折々のことば」）

との論評は、およそ一〇〇年前の曽我の感得が、常に新しい問いを提起している証左のように思われた。

## 第一節　法相から見た三乗真実説

そこで、小谷が『真宗の往生論』で展開する「法蔵菩薩は如来蔵思想」説をみると、曽我のいう「法相」の意味がわからないための見方であることが判明する。仏教学の類型的な解釈に当てはめれば、法蔵菩薩は如来蔵思想のように見えるであろう。だがそれでは、曽我唯識の独創性溢れる観点を正しく捉えることはできない。曽我は自らの法相唯識の立

場を一歩もはずれることはない。あらゆる事柄を法相唯識の立場から見ているのである。しかもこの場合の「法相」も通常の意味での「法相宗」のそれではない。常識では計り知れない独特な感性によって「一切法」を見ているのである。

すなわち、法相宗でいえばその教判は「三乗真実、一乗方便」である。この説は一乗の側からいえば、とんでもない独善的な三乗の立場の押しつけに見える。華厳を学ぶことから始まった私の経験からいっても、お話にならない暴論を主張するのが法相宗であるとしか思えなかった。ところが曽我の言わんとする一乗方便説は、通常のレベルでの教判論などではないのであった。今回の縁によってやっと気づかされた、私の反省である。

中国仏教で特に重視される教判論といっても、私は普通の意味で概説書に書かれている程度の理解しかできていなかった。ところがそのような見解とは全く異なる質的な転換によって明らかになる一切法の位置づけが可能であることを端的に示したのが、この問題である。その要点をいえば、あくまでも現に生きている人間の動いて止まることのない事実に立ち帰ってすべてを見る立場である。すなわち、われわれはものを考える場合、必ず対象を静止して、理解してしまう。それしかできないのがわれわれの理知である。その分別によってすべてのものを見てしまう。そのために生きている対象もぬけがらになる。それを見てわれわれはわかったと思っているだけである。

それに対して、曽我の立場は生きているままで生きている対象を見る。そのままに見る方法である。それが宗祖の「真宗」である。「大乗の至極浄土真宗」の意味は、真に生きるところで歩んでゆくための重要な覚知であった。その自覚の自証が「真」の「宗」を矮小化する虚妄の分別からわれわれを解放して、大乗仏教としての生命力を発揮する。その方法を「真」として感得したのは他力としての生命力であった。ゆえに「華厳経に見えたり」という華厳の意味も、生きているままの華厳のことである。文字によってその生命力を枯渇した形のところで見るのではない。ところが私の場合で言えば、すべては文字の上でしか見ることができなかった。そのために、単なるぬけがらの経文、論釈を眺めて、わかったつもりになっていたのであった。

そのような「一乗仏教」はすべて方便としての一乗になる。だから「一乗は方便」にすぎない。曽我のいう三乗は無性有情というどうしても助かりようのないものが厳然として存在しているという自覚によって成り立っている。自らの煩悩の深さを思い知らされたところでの自己否定による三乗真実説である。誰でも如来を蔵しているのではない。如来に胎蔵されることによって救われるというのはただの幻想にすぎない場合がある。その幻想を破った事実の発見が三乗真実説であった。現実にあるのはあくまでも助かりようのない自己の事実のみである。その自覚が徹底的に問われているのが一乗方便説であった。

## 第二節　本願の種子の誤認と転入

如来蔵思想は言うまでもないことであるが、心性本浄説や一乗真実論も「法性宗」の立場である。それらはすべて如来の世界に属することであって、凡愚の現実ではない。それは「法相」の立つところではないのである。ゆえに、「法性」と「法相」とは完全に立場が異なっている。その異なりは峻別しなければならない。その意味が理解できない場合には、「法性」という理想の世界と「法相」という現実の違いを自覚的に認知できなくなる。たとえば、華厳の五教判から見ると空観と唯識観は大乗ではあるが始教であって初歩的段階である。対して、如来蔵は終教であって最終の段階に配当される。つまりその格には、決定的な違いがあると見る。

そのような類型的な見方に対して曽我は予想のつかない特殊な見解を述べる。すなわち最初の始教に当る空観と唯識観は初歩で未熟なあり方ではないと見る。最初の段階のところにこそ、終教どころか別教一乗と同等の優れた内容を含むものと解するのである。因果関係でいえば、果よりも因を重視する立場である。ゆえに唯識を見る眼が独特な内容をもつことになる。その点は型通りの仏教の見方では気づけないところであった。理知の分別では理解できることではないところである。私自身が完全に型にはまったものの見方しかできていなかったために、曽我唯識の真要とでもいうべき重要な核心をはずれてしまったのである。したがって、

法蔵菩薩の本願というものは種子だと言うのです。（『法蔵菩薩』選集巻十二、一一六頁）

という曽我の語を捉えて、

本願の種子を衆生の阿頼耶識の中に見出そうとされる思考は、迷いの根拠を阿頼耶識に想定する唯識思想ではなく、衆生を如来を内蔵するものと見る如来蔵思想に相応しい。（『真宗の』二五六頁）

とするのは、型にはまった思考から導き出される当然の論理であり、前提を誤った結果、

唯識思想を正しく理解しておられたか否かを疑う所以である。（同前）

となるのも、当然の結末である。

しかし、すでに指摘したことであるが、唯識の原則を一瞬もはずれることのないのが曽我の立場である。衆生のアラヤ識の中には一点の無漏の種子もないと見るのは法相学の原則である。曽我は「本願の種子が衆生のアラヤ識の中に見出される」と言っているのではない。「法蔵菩薩の本願は種子」というのは、衆生との関係で言っているのではなく、その内面における種子と現行のかかわりのことである。つまり、本願の種子である願因がその現行である願果の念仏として現れているということである。

それらは曽我唯識が明らかにしようとしている要衝に気づかなければ、虚妄分別の誤認となるであろう。前稿拙論『曽我唯識』（二三八〜二四〇頁）の分別論者への論難（『成唯識論』巻二）で問われた、自性清浄心と執蔵であるアラヤ識の混同である。

大乗仏教の普遍性を現代的な視野でみる場合でもその先見性は確かめられる。それが曽我唯識である。その説を裏づけるのが、井筒・丸山の「言語アラヤ識」説である。また梶

山の「言葉と沈黙」説だといえよう。

「空の思想」についての梶山の解説は注目に値する。そこで改めてここで確認しようとするのは、宗祖による「浄土真宗」はまさに「大乗の至極」であり、その「真」は「空」の理解がなければ明確にならないことなのである。

一例を挙げれば、曇鸞の『讃阿弥陀仏偈和讃』の三、

解脱の光輪きわもなし　光触かぶるものはみな
有無をはなるとのべたもう　平等覚に帰命せよ
（『浄土和讃』、聖典四七九頁）

は朝夕の勤行で常に拝読されている。誰でも知っていると同時に、その意味は誰も知らないともいえる深い内容の和讃である。空観に堪能であった曇鸞の意をとっての讃歎である。ゆえに、「空」の意味は充分に捉えられている。空観はむずかしいなどと避けてしまう必要などないのである。

この点を補説すれば、『正信偈』の龍樹讃「悉能摧破有無見」（『教行信証』「行巻」聖典二〇五頁）である。要するに有と無を「はなれる」ことであり、一般的に使われる「断・捨・離」の「離」である。それは有の見と無の見の二つを摧破することなので打ち破り離れる

のである。有と無の否定になる。その否定のはたらきが「空ずる」ことであるから、何も驚くことはないのである。ただしその指し示しているところを正しく了解することは簡単ではない。したがって、その深い意味を宗祖の言葉に尋ねれば「虚空のごとし」といわれたり、「法身」について、

いろもなし、かたちもましまさず。しかれば、こころもおよばれず。ことばもたえたり。（『唯信鈔文意』、聖典五五四頁）

との語となる。漢語四字句で「言語道断・心行処滅」であることはすでに述べた。ものごとが空じられた状態についての見事な表現になっている。これが空と観ることである。有として固定化された常見で見るのではなく、また無として虚無的に否定してしまう断見でもない。両方を離れた中道としてのもののあり方を適切に認識するのである。ただしこの立場は真宗でいえば法の領域になるので「仏法不思議」といわれている。われわれの思議では捉えようのないところである。つまり如来の世界に属することなのでわかりにくいのは止むをえない。二種深心でいえば法の深信のことだからである。

では「こころもおよばれず。ことばもたえたり」といわれるような領域に、どのように

してわれわれ凡愚でも辿りつけるというのか。それが最大の関心事となる。そこで「さとり」を求めることになる。すると、その「こころ」が問われる。いわゆる「菩提心」である。「心」について確かめるとすれば通常の常識ともかかわる心である。いわゆる唯識の視点となる。その心について宗祖はどのような手がかりを与えてくれているのか。当然のことながら天親讃を見る。次の讃である。

尽十方の無碍光仏　　一心に帰命するをこそ
天親論主のみことには　　願作仏心とのべたまえ
（『高僧和讃』、聖典四九一頁）

『浄土論』最初の四句に依っている。「尽十方の無碍光仏」に「一心に帰命する」ことが、作仏を願う心だと論主は述べておられる。いわゆる成仏を願う心と言っていいであろう。

次の讃は、

願作仏の心はこれ　　度衆生のこころなり
度衆生の心はこれ　　利他真実の信心なり
（同前）

とあって、仏に成らんと願う心は衆生を済度する「こころ」であり、その心は「利他真実の信心」であるという。

利他のための真実の信心であるところは考えさせられる。自利があってのこととしても、利他に展開しないような信心では真宗でないと言うのであろう。いずれにしても安楽国への願生についてのことであるが、この安楽国は、真実の報土も方便化土も含んでいよう。

ところで続いての和讃は特に重要である。

信心すなわち一心なり　一心すなわち金剛心
金剛心は菩提心　この心すなわち他力なり　（同前）

信心とは一心帰命の一心のことであり、その一心は「金剛心であり、菩提心である」という。

金剛に譬えられる価値のある心である信心は、「金剛堅固の信心」（同前四九六頁）といわれている。ゆるぎないしっかりした信心である。その信心が菩提心でもある。「願力不思議の信心は　大菩提心」（同前四八八頁）ともいわれ、「浄土の大菩提心は　願作仏心をすすめしむ」（同前五〇二頁）でもある。信心が菩提心であるならば、仏の正覚つまり「さとり」を求める心が真実の信心になる。しかも信心は他力によって成り立っているのであるから、この点は見逃せない。自力にかかわる心は否定されているのである。

最後の和讃も意味深い。

願土にいたればすみやかに　無上涅槃を証してぞ
すなわち大悲をおこすなり　これを回向となづけたり
（同前四九一頁）

である。願生する安楽国は本願酬報の土としての願土である。

弥陀の智願海水に　他力の信水いりぬれば
真実報土のならいにて　煩悩菩提一味なり
（同前五〇二頁）

との和讃もある。そこで無上涅槃を証して大悲をおこす。それが「廻向」となって還相廻向のところにまで転回していく。

弥陀智願の広海に　凡愚善悪の心水も
帰入しぬればすなわちに　大悲心とぞ転ずなる
（同前五〇三〜五〇四頁）

とある。この和讃の意味するところについてもその肝要を究めなければならないと思われた。

要するに「信心」と「金剛心」と「菩提心」が「他力の願心」に依るという『浄土論』の讃を唯識の立場からいえば、凡愚の日常的理知である第六意識によって生きていながら、第八アラヤ識の身心一如の「身」で願生していることになるのではないか。休みなく転じられていく流れのところを「弥陀智願の広海」というのであるから、大悲の智願を内容とする広海である。そこへわれわれ凡夫の日常的心水が流れ込む。そのことが「帰入」であろう。すると凡夫の善悪の心水が如来の大悲心に転ずるという。深く考えさせられたことであった。

## 第三節　本願の種子の奥旨

曽我唯識の要諦になっているところの確認である。

師の『法蔵菩薩』を何度も読み返して考察を試み師の意図を推し量ってみた。

（『真宗の』二四七頁）

と小谷は言う、そして、

師は、阿頼耶識は一切法を蔵する法蔵識であり、それこそがわれわれの真の「自己」であると言われる。他方、法蔵菩薩については「自分自身の心の深いところに仏さま

を見出して行こうというのが法藏菩薩であろうと私は思う」と言われる。（同前）

と、この点から始めて曽我説への推測を述べていく。そして、最初の「本願が種子」という語が「その推測を補強する」（同前二四八〜二四九頁）と解している。この推測の妥当性を、課題として明らかにしながら確かめる。

曽我は言う。

阿弥陀如来様と言う時になれば、どうしても対象化されてくるかたむきがある（中略）法藏菩薩と言う時になると、はじめて自分自身の精神生活の深いところに仏さまの根というものを見出して行くことになる。（『法藏菩薩』選集巻十二、一二五頁）

とある。ここでは先ず「深いところ」とはどういうことなのかを問う必要がある。

また、

本願は種子である。念仏は現行である。（同前一二四頁）

とはどのような事実なのか、そこに注目したい。さらに、

とにかく、阿頼耶識ということと法藏菩薩ということ―これは、まあ、聖道門の考えから言えば、阿頼耶識というものをたてる。これは本当の自己・本当のわれでしょう。

（同前一二五頁）

という場合の「本当のわれ」とはどのような「われ」なのか。それも問題である。

以上の諸課題を明らかにするために、この講義で語られた曽我唯識の核心と思われるところについて順次確かめていく。

第一は「末那識と阿頼耶識」は、

特殊の、深いところにある、一つのはたらきである

（同前一〇八頁）

と言う。「特殊の深いところ」とは日常的理知のレベルではないことである。

まずマナ識は「我というもの」であり、「われ」と「わがもの」ということを終始、「ふかく思量し、思惟しておるところのはたらきがあって、深層意識と言われている」、「寝てもさめてもはたらいているもの」である。つまり第六意識は働かないこともあるが、マナ識は働いていて、第六意識の「よりどころになるもの」である。「いつでも第七識というものが内にあって」、「それがあるが故に第六意識というものは働いておる」「第七識の末那というのがなかったならば、第六識は、よりどころを失うのである」と言う。このマナ識が「我々の迷いの根源である」という。マナ識の重要な役割が示されている。

次はアラヤ識であるが、「種子」と「現行」で一切万法について考える。先述した本願の種子と現行とも関係している。まず「現行」でいえば「現実」のことであるが、

現実と言うより現行と言う方がほんとうだと私は思います。（同前一一〇頁）

と言う。「現実」というと実体的になる。「現行」は現に行きつつある動きである。行というのは「造作の義」を言う。「造り作す」ことである。「造作とか進趣とかいうような意味をもっている」のであるが、この点は特に注意をしなければならない。現に行きつつあるはたらきとして生命を、全体的視野において捉えているからである。

したがって、「万法」の「法」について、

一時も固定しないものでありましょう。固定するのは人間の迷いでありましょう。万法という時には、万物流転というような言葉を使いますけれども、仏教では、つまり、融通無碍である。（中略）水のごとく流れて、一刻も停止するということはない。だから、法はいつもいつも新しいものでありまして、そのものにとどまらない。（同前一一一頁）

とある。この点は特に反省せしめられた。私の場合にはすべて文字の表面だけによって固

定化して見ていたので、特に強烈な印象を与えられたのである。法というものが有るという、すべてを有化して見る深い錯覚については本論でも既説した。しかしどうしてみようもないほどの深みにおいてそれに支配されているのが自分の現行であった。その事実を認めるしかないところは痛烈な示唆であった。

阿弥陀仏も法蔵菩薩も含めて万法が流動している。流れとしてあるにすぎない。ところがわれわれはその事実を実体化して見てしまう。まったく虚妄の分別による虚偽である。この指摘には驚き以外の何ものでもなかった。ぬけがらの積み重ねは常に新しい法のあり方を見失ってしまう。生きている生命の躍動感などどこにもない、ただの傍観者である。その事実がわずかでしかないのであるが垣間見えたことは幸いであった。

法を固定せしめ、（中略）そういうものを考えておる。（中略）考えるのは便利ですから、何もそれが悪いというわけではないけれども、そういう考えにとらわれてしまう。（中略）そして、その人間がほんとうの意味の自主性を失って、万物の奴隷ということになる。（中略）そして、自分が主体だと言うけれども、主体だと自分が決めてしまうと、いつのまにやら、その主体そのものがまた機械化してしまう。（中略）その迷いの

いちばん根源になるものが、それが末那識というものである。（同前一一一頁）

と言う。この言葉からは、これまでの自分の事実というよりも現にその真只中でその強烈な流れの中に浮遊しつつある「我」を思い知らされた。他力の廻向による想像を絶した経験であったのである。

続いての、

固定しない純粋のわれというものが、つまり阿頼耶識である。（同前一一二頁）

というところは重要である。マナ識が固定する点についてである。通常われわれが自分について「私」と言う場合には、変わることのない「我」が厳然として疑いようのないものとしてあると思い込んでいる。その常識からいえば、「固定しない」というだけではどういう「我」のことなのか。しかも純粋というのであれば、その意味するところはどういうことなのか。その点を納得するのは簡単ではなかった。

とにかく「純粋のわれ」を「よりどろ」にしてマナ識は「万物を皆すべて固定してしまう」。アラヤ識に執着して、

自分の権利を主張して、自分に与えられておるものを「おれのものだ」とするために、

結局、せっかく与えられているものを失ってしまう。（同前）

「権利を主張しなければ、それがそのまま自分に与えられている」と言う。その与えられているものは「公《おおやけ》のもの」である。

はじめからそこにあるがままにしておけば、それは皆、ほんとうの意味のわがものでしょう。自然のままでわれらに与えられている。だから、自然のままにして、それを受けて、受け用いていればいいのでしょう。（同前一一三頁）

このようなアラヤ識の見方は曽我の特殊な見解である。誰にも発想できなかったところであった。ゆえに、この要衝が了解できなければ、自然の法則の意味が完全に消え去る可能性が生ずる。曽我唯識が誤解されるのは当然ともいえよう。特にアラヤ識を妄識とする立場でいえば無理な極論ともなる。

ところが曽我の言うところは次の「公明正大」（同前一一四頁）も含めて類型的な唯識観とは異なっている。すでに述べたところ（『親鸞教学』第一〇九号）とも関係しているのであるが、曽我はアラヤ識をアリヤ識と同じとするところで見ているのである。

## 第四節　公明正大な識

同一の阿梨耶識でも、絶対門の真如から向下的に相対門の生滅へと説き進めた『起信論』と、相対的なる相唯識から絶対門の性唯識へと説き進めた『唯識論』と、（中略）自然に『起信論』の如く楽観的なると、『唯識論』の如く悲観的なるとの差異を生じたのは止むを得ざることである。

（「五劫の思惟を背景として」選集巻三、三〇七〜三〇八頁）

曽我は『大乗起信論』の立場でアラヤ識を見ているのである。「空」や「真如」とも関係する『十地経論』のアリヤ識でもある。そのために、「真識」、もしくは「真妄和合識」の面を重視する。すなわち「公」とか「公明正大」という真のあり方を強調することになる。それらは法相唯識でいえばアラヤ識の「蔵」の自相である「執蔵」を、「能蔵」と「所蔵」の二蔵を加えて三蔵として見る蔵の三義の立場である。自相である執蔵は基本であるからその面は変わらない。執蔵である虚妄性はどこまでもそのままである。ゆえにアラヤ識による執着の深さは徹底して認められている。その点はわれわれの凡愚性のことである。その暗闇の果てしない深さは、手に負えない重障とされている。ただしその執蔵に、新しく加わった能蔵と所蔵の二面は、積極性としての能動的あり方と、消極性としての受動的それを示すことになる。その積極的側面が「能蔵創造の無限力」である。

そこで現行と種子の関係に移る。

いま現に実際はたらいている、活躍しているところの法のすがたをば「現行」と申すのであります。

（『法蔵菩薩』選集巻十二、一一三頁）

とし、「現行」といえば「公のものでしょう」と言う。そして、現行にほんとうに接するには、公明正大な心をもっておらなけりゃなりません。（中略）公正を失した心のはたらきをするならば、現行というものを我々は了解することができないと思う

（同前一一三～一一四頁）

という。「公明正大」であればたとえ煩悩であっても、悪いものだと考える必要もない。（中略）心が公明正大でありますならば、けがらわしいというようには感じない

（同前一一四頁）

とある。

種子に対する現行に焦点をあてると「平等覚」や「有無をはなる」（『浄土和讃』、聖典四七九頁）となって公平な立場が現れてくる。「冷静に」「純粋」に対処する。「ものを公正に見て行く」その「識が阿頼耶識というものである」（『法蔵菩薩』選集巻十二、一一四頁）と言う。続いての、

この阿頼耶識は、だれにでもあるのです。我々はだれでも、迷うておる愚かなものであります。みんな平等に、迷いの根源になるような末那識というもののはたらき（下略）（同前一一四～一一五頁）

を受けている。同時に、

公明正大な態度でものを照らしている識がある。それがつまり、根本阿頼耶識というものである。（中略）阿頼耶識を翻訳すれば「蔵識」と言う（中略）くわしく言えば「法蔵識」である。つまり一切法の蔵であります。（同前一一五頁）

「万法」にはいろいろある。そこでは、

けがれたる法に対しても、清浄の法に対しても、その一方をいやしめ一方を尊ぶ、一

方を愛し一方を毛ぎらいする、そういうことなしに、それをばきわめて公正平等の心をもって照らしている。（同前）

それがアラヤ識であるから、

くわしくは「法蔵識」でしょう。法の蔵、一切万法の蔵である。（同前）

とも言う。

ここでのアラヤ識と法蔵菩薩との関係は、注意深く読み取る必要がある。文字のみを見ていた私にとっては何を言っているのかわからなかったところである。

まず「阿頼耶識は誰にでもある」と言われても私のどこにアラヤ識がはたらいているのか、見当もつかなかった。ただ「我々は誰でも迷っている愚かな者」だというのは自分のこととしてはよくわかった。みんな平等に迷っているという平等性は差別しかないような現実に悩まされてきたこれまでの経験を通して、「平等に迷う」という平等も確かに平等なのだと思われた。それも平等であることは認めるしかなかった。ただ、その根源にマナ識がはたらいているというのは、何となくわかるというだけであった。アラヤ識もマナ識も無意識の領域なのであるから、自分の中の無意識のはたらきをどれだけ探ってみてもはっきりすることではない。当然の事実である。

ただし、「無我」と「無記」とは同じではないので、無雑作に取扱うことではないことにも気づかされた。無記でしかないものを、われわれは自身の無意識のところで「我」と思いこんでしまう。その強烈なはたらきが私の意識の底にあると言われている。そのためにエゴイストになってしまう。その根拠になっているのがマナ識である。この点は、私にはそんなものはないと断言することはできなかった。しかも「ねてもさめてもへだてなく」と言われている。熟睡していて第六意識がその機能を失っている時にもはたらいているという。その識をマナ識として発見したのが唯識の論師達であるとすればその力量は想像を絶するものであることだけは了解できた。

ところでそのマナ識と同時に、公明正大なはたらきがありそれが根本アラヤ識であるというところは不可解であった。どうすればその関係が納得できるのかを含めて、自己中心的で自分勝手そのものという自我と、公平で平等にすべてを受け入れる自己とは完全に相反する関係である。それが私のどこで成り立っているというのか。いずれにしてもアラヤ識が蔵識と訳された意味はこの点にあって、それゆえに詳細にその関係の微妙なあり方を解明できれば問題解決の可能性が開かれることは納得できた。

曽我が生きている法蔵菩薩の発見と共に、それがアラヤ識と同一であることを自証できたのは『如来表現』の発表の時点の感識であった。その経験を米寿記念の講話で改めて語っているのである。この講話の特色については既説したが、ここでは「公明正大」という語でアラヤ識の性格を表現しているところに留意したい。

アラヤ識は生命の「蔵」であると言ってしまうと、唯識に興味をもって学んでいる人々でもどれだけの人が賛同するであろうか。本論では自分に了解できるところをどうにか述べたつもりではあるが、それで充分とは思えない。特に気にかかるのは、アラヤ識は永遠であり、底知れない深みにおいてあるはたらきだというところである。強いて言えば、「タマシイ」であり、漢字で表現すれば「魂」とか「神」である。しかし残念ながらこれまで、曽我の意図したところに真正面から取り組んだものはなかった。

そこで「阿頼耶識は、くわしくは「法蔵識」でしょう」ということを『法蔵菩薩』（一一五頁）で、聞き書きしてくれた先達の苦労をしのびつつ読み直してみると、万法のところで言えば、そこには清浄法もあり、染汚法もある。また、損か得か、好きか嫌いか、すべての対立した関係がある。そのすべてを、一方を選ぶのでなしに受け入れる。それがアラヤ識の「蔵」の意味するところであると感得した。それが曽我の自証である。したがって、このような「蔵」の解釈はいわゆる通常の理知の分別でなされる判断ではない。すでに述べたように、われわれの理知は頭脳という身体の一部のところでの認識である。それに対する曽我の認識は、生きている身体の全部をかけた経験である。身をもって感得した感知である。ゆえに、常識的な発想とは異質の領域によることなので、奇妙な批判がなされるのも致し方のないことである。続いての文章も疑問を感じる人も多いであろう。

一切万法の種子を—法と言えば現行法です—一切現行の法の種子というものを、ちゃんと、われら一人一人の阿頼耶識の中にもっている（同前）

アラヤ識は、

一切万法の種子をもっている限りは、私のはからいというものをしません。われわれ人間のふつうの常識だとか偏見だとか私のはからいだとかいうものをもたず、平等の眼をもって万法を受けとって行く。一切万法の種子—因—を阿頼耶識は自分の中にちゃんともっている。もう永遠にそれを失わない。永遠になくならない。（同前）

ここで特に注意しなければならないのは、万法の種子の因をアラヤ識は自らの蔵の中にしっかり執持していてそれを失うことはないという点である。そのしっかり保持する能力は「永遠になくならない」と言われている。「連続無窮」に連動する観方である。その種子に対して「法」は現行法のことで、現実にさまざまな経験をしているわれわれの日常的あり方のことである。現に生きているそのことであるが、その生は「行くもの」としての「諸行無常」の転変においてあるために、一瞬の止むこともない。流れそのものでしかないところから現行と言われている。その現行は「種子生現行」の現行であり、「現行熏種子」の種子である。これらはすべて本論で述べたことであるが、曽我は自らの長い間の思索の成果をここで確認しているのである。ゆえにわれわれが現に生きているというその流れの事実は、その流れを生じた種子から生まれたものであり、生み出された現実のすべての経験は、再び種子に変換されてアラヤ識の蔵に集積されていく。これが法相学の基本である。

一人一人がこの経験において生きているのが現行法となるために、その種子をわれわれは自らのアラヤ識の中にもっているのであり、その限りでは経験の道理としての事実のことである。だから、私的なはからいなどできることではないというのである。たとえば悪の業を行ってしまったという場合は、その種子が必ずアラヤ識の蔵に留っていくので、結果の責任を取るのが嫌だからその種子は拒否するというようなことはできない。必ず責任をとらされるという理の当然を言っているのである。つまり自己中心的で勝手な判断による偏見だとか、私的なはからいなどでものを選別することはない。それが、アラヤ識の平等の眼であって、すべてそのままに受け入れるのがアラヤ識であると言っているのである。これらの点は『法蔵菩薩』一一〇頁から一一六頁にかけての講話でかなり具体的な事例を通して説明されている。

## 第五節　本願の種子と念仏の現行

以上のような関係で、われわれの現実と「仏さまの浄土」とは

阿頼耶識の世界におきましては、まったく一枚の紙の裏表のようになっておる

（同前一一六頁）

として、今回の中心問題ともいえる、

私は、法蔵菩薩の本願というものは種子だと言うのです。（同前）

という主題の語句が示されたのである。

そして、「種子は本願である」つまり「法蔵菩薩には、五劫思惟、それから兆載永劫の修行ということ」をいうが、これが「種子・現行ということになる」という謎のような言葉を残している。続いての「もう一つおし進めて行くならば、すなわち、南無阿弥陀仏ということに帰着して行くものである」（同前）と「考えられる」（同前一一七頁）となっている。これも私にはまったく了解不能なことであった。

この謎を解くためのヒントが次の講義でなされている。その概略を私に理解できたところを通して述べることにする。

私どもは一つの阿頼耶識である。（中略）一人一人が阿頼耶識ですよ。本当の自己。（中略）純粋なる自己であります。（同前）

という。重要な指摘である。

一人一人がアラヤ識であるとはどういうことか。しかもそれが本当の自己であり、純粋な自己だという。この点についての曽我の説明でようやく納得できたのは、本当の自己とは、清沢の「自己とは何ぞや」と言われたその自己のことで、それが純粋な自己であるという。しかもそれは、「ほんとうの意味の相対有限であります」といい、相対有限というとわれわれは「純粋な相対有限というようなことを考えない」、と断言する。そのような発想は私には完全に欠落していたところだったので、夢にも思わなかったと納得した。

われわれの為していることは「何か一つの色をつけて考えます」とあるが、確かにその通りで、純粋などといえるものではない。したがって、「ほんとうの純粋な相対有限―これが、純粋な自己です」との言には、通常の思考では話にならない浅い見方になってしまうことを思い知らされた。

以上の説を踏まえて次に述べられる「善導大師の機の深信・法の深信」も通常解されているようなありきたりのものではなかった。「法の深信」は、

絶対無限の阿弥陀如来を信ずること　（同前）

それに対して「機の深信」は、

相対有限の自分というものを深く信知する　（同前）

ことで、

自分を毛ぎらいすることではありません。自分ほど尊く大切なものはない。（同前）

と言う。ここがわかりにくかったところであった。

相対有限は自分の、無能を思い知らされることであった。それが私の実際に経験したことであった。そのためにコンプレックスに陥り、自分を持て余す状態の永い悩みの連続が幼少期からの私であった。その自分を毛ぎらいする。それだけの青年期でもあったので、「自分ほど尊く大切なものはない」という語の意味を理解するのはたいへんであったともいえる。

ただ、ここで確かめる必要があるのは、その「自分の事実を認める可能性は公開されている」と曽我が言っているとも読めたことであった。つまり、その事実は実際にそうなっている現行であって、それを自分の善し悪しで決めているところに問題があったのである。

曽我の言は、

そこに私の考えを入れると、変なふうになる（同前）

である。私的な自己中心性に気づくことなしに相対有限を見てしまって、純粋に見るとかそのまま見るなどということにはなっていない。それは「機の深信」ではない。

仏さまがごらんになった通りをのべておる　（同前）

というのは、仏智によってものを見る無碍光の智慧が絶体絶命の自分の事実を照らし出していることを「決定して深く信知」するのであると言われている。「信」の字は「知る」ことである。

信ずるとは、知ることである。信ぜずして、知るということはありません。（中略）自分を知るということは、自分を信ずるということ（中略）自分に対しては、ほんとうに信じてですね、絶対信をもっておる（中略）そうすると、自分はあさましいからと言うて力をおとしめたり、自分を毛ぎらいしたり、劣等感を起こしたり、そういうことはしないことでしょう。機の深信は、劣等感ではありません。　（同前一一八頁）

既説したように『法蔵菩薩』を真剣に読んだことは一度もなかった。目の玉が字面をよぎることを「読む」とは言わないからである。何度か目を通したことはあったが、見逃してはならないところになど、ほとんど目が止まらなかった。にもかかわらず、最後に記した、「機の深信は、劣等感ではありません」という言葉だけは現在もなお私を励ましてくれる名句になっている。その意味とはどういうことか、やっと手がかりを得ただけなのであるが、次の語からはある示唆を与えられた。

決してみずから自分をいつわったり、自分を弁護したりしない。（中略）劣等感など、どこにもないですよ。自分の現行のままを私どもは正しく信知して行く。深く深く信知する。それを機の深信と言う。（同前一一九頁）

機の深信ということは、私のはからいではありません。これは、事実でありましょう。（中略）現行の相《すがた》をどうするということは、考える必要はありません。現行を現行として正しく承認して行くのである。（同前一二〇～一二一頁）

自力の心・私する心・私の心をもっていろいろなことを始末しようとしないところに、絶対無限の仏さまの本願力というものを、私どもは領解して行くことができる（中略）「わが身は現にこれ罪悪生死の凡夫なり」――わが身を正しく「わが身」と言えるのは、やはりこの阿頼耶識です。阿頼耶識というのは公明正大の心をもって、この体ですね、わが身というものを見ているものですね。（同前一二一頁）

自力の心でものに対処しないところで、絶対無限の如来の本願力を領解することができる、という。具体的に言えば「現にこれ罪悪生死の凡夫」が「わが身」であると言えるのは、アラヤ識を依り処としているからである。それは私的な自力の心ではない。アラヤ識は公明正大な心で「この体」である「わが身」を見ている。このように言われると通常、見ているというアラヤ識と、見られている「わが身」が別のように思うであろう。しかし違うのである。曽我の文は、わかり安く説明するために、このような文章になっているが、アラヤ識の自体が「有根身」である。その点は本論で詳しく述べたが、ここでの意図を補足すれば、アラヤ識の自覚・自証のことをわかりやすく語っているのである。

したがって次の、

アラヤ識というもののわからぬものは、わが身というと、すぐに私有物のように考えられる。わが身というのは、これ、公明正大な存在であります。わが身というのを正しく見ておいでになるのは仏さまですよ。（同前）

というところに、われわれの常識的見方を逆転させられる要素が含まれている。つまり、アラヤ識の文字面でなくほんとうのはたらきとしてのところに気づいて、そこからわが身を見るのでなければ、直ちに私有物のように思ってしまうと言う。これは痛烈な示唆であった。自分のものだと思い、自由にできると思い込んでいる。「わが身は公明正大な存在」というのは、私物化できるものではないと同時に、肩身をひろくして、わが身の現行・わが身の現実というものを認知することができる。(中略)だれに対しても、かくす必要はない。仏さまがご照覧なさる通りのままのわが身というものを見て行くことができる。(同前)

とある。そして、

私は『成唯識論』をすこしばかり学んでおりましたものだから、自分だけが、法蔵菩薩の本願ということについて、自分一流の考えをもっておったようなわけでございます。たとえば、本願は種子である。念仏は現行である。(同前一一四頁)

とし、

自分自身の心の深いところに仏さまを見い出して行こうというのが法蔵菩薩であろうと私は思うのであります。(中略)法蔵菩薩と言う時になると、はじめて自分自身の精神生活の深いところに仏さまの根というものを見出して行くことになる。自分自身の深いところに仏さまの根をもっておるのである。(同前一一五頁)

という。

こんな断片的なことで言うてもお分りにならんでしょうけれども

（同前一二九頁）

とあるように、多くの人がその真意を読み取ることができなかったところである。「本願は種子である」という本願と種子の関係を、ここだけで理解しようとするのは無謀である。まず「能蔵創造の無限力」と「所蔵感受の有限の肉身」との関係を通して、論点を捉え直す必要がある。そこで、所蔵としての消極性が愚惑の凡夫の闇の方向への流転の現実をもたらすことを知るのである。その手のほどこしようのない事実の自覚が感得されるならば、本質的な解決への方向が見出されよう。

その場合特に見逃してはならないのが、如来そのものの自己否定という面である。同時に能動的積極性は他から来るものではないことにも気づかされる。如来する如の真のあり方自体の自証のはたらきにおけることである。その強烈な力が願の根本に示されている。その力によって、

他力の悲願は、かくのごときのわれらがためなりけりとしられて、いよいよたのもしくおぼゆるなり。

（『歎異抄』、聖典六二九頁）

となるのである。そのゆるぎない事実を認めることによって明らかになるのが、

自身はこれ現に罪悪生死の凡夫、曠劫よりこのかた、つねにしずみ、つねに流転して、出離の縁あることなき身　（同前六四〇頁）

という機の自覚、即ち深信である。ゆえに自覚としての自己否定を通すことなしに、「公明正大」だけを見ても意味をなさないことである。「公」のものというすべてを嫌うことなしに受け入れるアラヤ識の公共性は法蔵菩薩の発見についての肝要を語っている。第六意識の理知からの脱却である。

## 第六節　本願の機の枢要

すなわちここでの「深いところ」というのは、本願が衆生の悪業煩悩の身のところへ転入したところである。如来の自己否定によってのことであるため、衆生とはかかわりのないこととも言える。他力の願心はわれわれの自力とは別である。したがって、ここでの曽我説を、衆生に無漏の種子があると解するのは全くの誤りである。無漏の種子を認めるの

は如来蔵思想系の経・論・釈である。それに対して、曽我は助かりようのない者が厳然として実在していることから一歩も出ないのである。その事実を示すアラヤ識自体の執蔵の面は何ら変わることはない。ゆえにその虚妄的あり方をそのままに認めて、その中に回入して来た如来のはたらきに感動したのが『地上の救主』の「如来我となりて我を救い給ふ」（選集巻二、四〇八頁）であった。そして、その後に、「我は如来に非ず」（『暴風駛雨』選集巻四、三五二頁）がつく。それは、本来の罪悪深重が益々深く見えてくることを示している。

しかも身体はもっとも具体的である。その具体相の身の事実のところで法蔵菩薩を実験する。それが曽我の感識のしからしめるところであった。

この身体はこれ法蔵菩薩であり法蔵菩薩を感ずるところの器である。法蔵菩薩の感覚と同じ感覚をもつところの尊い身体である。（『歎異抄聴記』選集巻六、一五九頁）

は前稿『曽我教学』（二九七頁）で紹介した。曽我の感性が並のものではないことを示している。アラヤ識の公明正大さは、機の深信によって剔出される自己自身の無惨な現実と何の変更もない。それを照し出す無碍光の仏智のはたらきがあればこその事実である。ゆえに敢えて再度の考察を試みる所以である。

凡ゆる罪と悩みとを荷ひ給う如来の因位法蔵菩薩を身に親しく感得する。法蔵菩薩は昔話ではない。自分の肉体にひし〳〵と法蔵菩薩を感覚する。（中略）それは自分が法蔵菩薩であるといふのではない。たゞ自他といふものを超えて法蔵菩薩を感覚する。これが機の深信の内容たるところの宿業の自覚である。（同前一五八頁）

と言う。つまり、

凡ゆる人の心持がみな分る。（中略）一切衆生の罪と悩みとを自分一身に荷ふ。（同前）

その如来の願心を、自らの肉体にひしひしと感覚するという。では感覚するなら、そのように感じ取ることのできる種子が自分の中に本来的にあるというのか。その答は「否」である。そうではないのである。「自分が法蔵菩薩であるというのではない」との言は特に重要である。『暴風駛雨』（選集巻四、三四七頁）の「如来が自ら我と名乗り給ふ」も「我は如来に非ず」と同じ趣旨である。

しかしわれわれの理知はこの逆説的論旨を正確に読み取れるとは限らない。私の場合は特にその感を強くする。「意味が複雑でわからない」と片づけていたのであった。

したがって、『法蔵菩薩』のところへ戻ると

アラヤ識というのは、公明正大な心をもって、この体ですね、わが身というものを見ているのですね。

（『法蔵菩薩』選集巻十二、一一二頁）

となっているとしても、わが身の公共性のところへ辿りつくまでの道のりはたいへんであった。その背景ともいえる『歎異抄聴記』の次の語は参考になる。

だから我が身といふものも私する訳には行かぬ。公のものである。公のものだといふ理屈をいつてゐるのではない。（中略）公のものと自分がひしひしと感ずるときが我が身体を公のものとして頂く。そこに始めて我がものとなる。始めから私のものときめるのではない。公のものと自覚することがその尊い身体を自分が頂いたのである。

（『歎異抄聴記』一五八〜一五九頁）

ここでの「公のものと自覚することがその尊い身体を自分が頂いた」とあるところが、『法蔵菩薩』の「自分自身の精神生活の深いところに仏さまの根というものを見出して行く」と呼応している。共にアラヤ識における「本当のわれ」についてのことだからである。

その点からいえばアラヤ識は識であるかぎり精神生活になる。しかし、その深いところ

に仏さまの根を見出していくことになれば、精神である心がその深みの極において身体にまで到達したことになる。身心一如の「有根身」の成就といえよう。そうなると身体性は、本論で詳説したように生理学的医学的視野においての問題となるのは当然である。こころのはたらきという捉えどころのないものを、身体性という「根」の具体相で感じ取る方法が見出されたことによって、確実な証拠を入手できたことになるからである。

しかもそこで明らかになった確かさとは、否定における肯定である。ゆえに無漏の種子がアラヤ識の中にあるという如来蔵思想ではなく、「ない」という唯識の立場である。そこに立つことによって、「ない」ことが明確に認知された。その疑いようのない事実に裏づけられて、「ある」ことが感知される。不可思議な感得が成立したのである。それが曽我の法蔵菩薩の発見であった。

# おわりに

説明すると複雑に見える。だが事実としては明白なことである。以下、この論考の主題に則して、私の関心を引いた曽我の所説を抉出し、多少の感想を付して、結びの言葉とする。

業でもそうですね。業そのものが悪いのでも何でもない。煩悩というものにとらえられるのでしょう。それにしばられる。しばられなければ、何ともない。（中略）煩悩というものも、ある意味において、一種の三昧境というようなものと考えられます。だから、生死も、煩悩も、現行でしょう。法というものが、いろいろの縁によって、さまざまに変ってくるものだということが分れば、それにしばられることもないし、それに不平があるわけでもなく、また、それに圧迫されるということもない。

（『法蔵菩薩』選集巻十二、一二八頁）

業でも煩悩でも、それ自体として悪だと決まっているのではないというのは重要な示唆である。それにしばられることが苦しみをもたらすというのは納得し安い。「一種の三昧境」とは、それにのめり込んでしまうことであろう。そうなれば必ずたいへんなことになる。それがわれわれの現実である。ゆえに現行としての法から言えば、生死も煩悩もある。

その法は縁によってさまざまに変っていくものであって、固定することなどできない。そのことが分れば、不平も不満もなくなり、圧迫によって苦しむこともなくなると言っているのである。

皆、その境遇になれば、やはり、われは実存であると、いばっているのにちがいありません。一寸の虫にも五分の魂がある、と昔の人は言っているが、その意味では、蛾もまた実存者であるし、一寸のミミズもまた、五分の魂をもっているから、万物の霊長である。こう言ってもさしつかえがなかろう。万物ことごとくが各自各自、霊長であると思っているにちがいない。(中略) 人間だけが万物の霊長であるということは、人間世界にだけ通用するのであって、人間以外のものには通用しないものであるということなどうぐらいのことは、すでに仏さまが知っていなさる。(中略) 権利を主張することなどは、すべて迷いの根本であります。だから、仏教では、「一切衆生」と言います。衆生といえば、霊長でもミミズでも何でも同じであります。(同前一二九頁)

如来の智慧の境地から見れば、人間だけが特別に選ばれたものとはいえないとの指摘である。「いのち」あるものすべてがそれぞれに尊厳性を保持している。それが「一切衆生」

であるから一寸のミミズでも、ミミズの立場でいえば万物の霊長だというのである。権利とか義務を主張する立場はいのちの全体で見る目を失って、頭脳の一部分だけで自己の正当性を強引に振り回していることになる。それが迷いの根本であり、混乱の元凶だと言う。

とにかく、阿弥陀如来は、平等の智慧というものから、平等の大慈悲心を働かしておいでになる。つまり、阿頼耶識は、大菩提心の一つの根源であり、自覚原理でありましょう。それでなければ、私どもに大菩提心というものが成り立たない。

（同前一三〇頁）

平等の智慧と大慈悲心のはたらきである阿弥陀如来は誰でも分る。それが意味不明になるのは「アラヤ識」であるところである。何度聞いても了解できないところである。それが身体性としての有根身であり、「根」の有る「身」としての自己自身であるとする曽我の感識が分りにくいのである。理知の分別で考えているからだといってしまえばそれまでである。「自己自身」として自覚するという自己と、その対象となる自身と関係がはっきりしなくなるためである。いずれにしてもアラヤ識が大菩提心の根源であり、自覚の原理であるとする点は要衝になっている。われわれに大菩提心が成り立つのは、それあるが故であるとの発見が、法蔵菩薩の誕生であった。

一切空と申しますが、空というのは一文不知ということでしょう。さとりをひらいたというのは、自分は賢いと思っていたものが、本来の一文不知というところに帰って来た。いらない猿智慧というものが皆ぬけてしまった。それがすなわち、諸法実相ということであり、阿弥陀の本願ということである。そういうものであります。ただ阿弥陀如来というのは、本願成就の仏さまであるから、本願ということに尽きると私は思う。本願ということですね。私どもと阿弥陀仏とが無始久遠の昔に一つのものだ、ということを教えて下さっているのが本願ということでありました。（中略）自分にも本願がある。自分の本願ということを照らし出して下さるのが、阿弥陀の本願である。仏の本願といったら、虫けらのような我々にこそ本願があることになる。（中略）いくら愚かであっても、超世の本願はある。超世の本願は、虫けらでもちゃんともっている。虫けらだから超世の本願は分らんだろうと言うけれども、虫けらに分からんようなのは、超世の本願ではありません。（同前一三七頁）

空とは「一文不知」のことという定義は、曽我用語の典型を示している。仏教学の常識でいえば考えられないことである。しかし続いての文章を見ると全くピントはずれとはいえなくなる。「さとりをひらく」とは、「自分は賢いと思っていたものが、本来の一文不知」に帰ったことだというのは納得させられた。「自分は正しいと思っていたもの」「自分は間違っていないと思い込んでいるもの」すべて同じである。「いらない猿知恵」がぬけてしまった。それが「諸法の実相」であり、「阿弥陀の本願ということ」で、本願力のはたらきは「諸法の実相」をわれわれ凡愚にも気づかせるという、両者の深い関係が多少垣間見えた。

その場合の本願について、われわれと「阿弥陀とが無始久遠の昔に一つのものだ」ということを「教えて」くれているのが、「本願ということでありました」という点は何のことかわからなかった。ただ「自分にも本願がある」その本願を「照らし出して下さるのが、阿弥陀の本願である」というところは何となく感じ取れるものがあった。特に「虫けらのような我々にこそ本願があることになる」という点は強烈な何ものかを感じさせられた。虫けら同然の愚かなものでも「超世の本願」をもっている。虫けらにも分るような超世本願こそ真の本願であるというなら、虫の「いのち」も人間の「いのち」も平等という超世の本願の智見から言えば、同じに見えて当然であろう。生きているその「いのち」を見うしなって、そのぬけがらだけしか見えない、われわれのものの見方に対する鉄槌のように思われた。

我々のようなものでも仏さまと同類かと言われるかもしれないけれども、本願を聞くと、同類ということが分る。本願ということを別の言葉で言えば、南無阿弥陀仏と言うのでしょう。南無阿弥陀仏という言葉を聞くと、我々は本当に仏さまと同類だということを知らされる。成仏したと言ってもよい。そういうわけではないかもしらんけれども、成仏したと同じことなのです。これ以上、成仏しなくともよい。もう、これでたくさんだ。（中略）南無阿弥陀仏、これでたくさんであります。もっともらってくれ。頼むから、もらってくれ—そうすれば、せっかく、そうおっしゃるんですから、ありがたく頂戴いたします。もらっても、もらわんでもよい。そういうもんでしょう。

（同前一三九頁）

「本願を聞くと」「我々のようなものでも仏さまと同類」ということが分かるとある。また、「本願」を「別の言葉で言えば、南無阿弥陀仏と言う」とある。「本願ということ」が

「南無阿弥陀仏」であるというのは、例のごとく曽我用語であり、普通にいわれることではない。よほどその論旨を正しく理解できないと奇妙なことに聞こえるであろう。

続いて曽我は「南無阿弥陀仏という言葉を聞くと、我々は本当に仏さまと同類だということを知らされる」と言う。曽我は知らされたのであるから、そうなのかとその事実は認めることはできる。しかし、それは私の事実ではない。私は称名念仏をいくら聞いても仏と同類だなどとは思えなかった。どこでズレルのかたいへんな問題である。しかも同類とは「成仏したと言ってもよい」とある「そういうわけではない」というのは単純にそう主張しているのではないことはわかる。しかし「成仏したと同じことなのです」というのであるから、ただことではない。ここで言われているその論拠は、「これ以上成仏しなくともよい」というところである。「南無阿弥陀仏、これでたくさんであります」、それ以上のものを求める必要がなくなったというところであろう。「念仏」だけで本願は成就したというのである。「ただ念仏して弥陀に助けられまいらすべし」ともあり、「念仏のみぞまことにておわします」という事実を自らの体験のうえで語っているのが、曽我の自覚・自証であるとの感触は得た。だが、これですんだとは言えなくなった。

その通りにならない私の事実もまた私の具体的な経験だからである。その間をうずめる方法があるとすれば、三不三信の謎を解かなければならない。それとの関係で次の言葉があるように思われた。

我々は、お念仏によって、自分が相対有限のものであり、愚かなものだということを本当に聞くことができる。しずかに聞くことができる。自分の分限ということを知らしてもらえる。自分の分限・分際を知らしてもらったことを「正定聚」と言う。（中略）とにかく『大無量寿経』の本願によって、われらに相対の分限があることを教えてもらった。（中略）我々の中にも、お念仏をいただいても、まだ不平を言うものがあるのは、どういうものでしょう。それは、お念仏のいわれが分からぬから不平を言うのだろうと思います。そういう人は、お念仏の尊さが分らぬひとなんでしょう。お念仏の尊さとは、つまり、相対有限の中に絶対無限があるということである。相対有限を知り、相対有限に満足すれば、相対有限がすなわち絶対無限である。それを南無阿弥陀仏と言うのでありましょう。（同前一三九〜一四〇頁）

ここまできて、念仏に不平を云っている自分を思い知らされた。「お念仏のいわれが分らぬからであり」その「尊さが分らぬひと」だというのはその通りであった。「尊さ」とは、「相対有限の中に絶対無限がある」ことであり、そのことを知って「相対有限に満足すれば」、その相対有限はそのまま「絶対無限である。それを南無阿弥陀仏と言う」とある。どういうことかということでこの文の最初に戻れば、われわれは念仏によって相対有限であることに気づくことになる。自分に分限があることを知らされるのである。念仏にこめられている智慧によって、本当に聞くことができることになる。以上の視点を踏まえて最後に述べられた次の語は、曽我教学の白眉に当るであろう。

釈迦以後の人が釈迦の仏教を通して、釈迦以前の仏法を知ることができる。その仏法はですね、紙に書いてない。釈迦以前の仏さまは、色もなく、形もない仏さまである。釈尊は色も形もある人間であるが、以前の仏さまは、人間であるというわけではないから、人間の眼には見えない仏さまであるかもしれない。また、そういう仏さまのご説法は、ふつうの人間の耳には聞こえないかもしれません。ただ、真実信心の人にのみ聞こえるのであって、邪見驕慢の人には聞こえないものである。釈尊あればこそ、そういう尊い真実の仏法というものを知らしていただける。釈迦を通さないでは、そ

んなことは勝手に言えない

（同前一四一頁）

# あとがき

遺言の最後になって、突然想い出したことがある。私の『華厳経』との出遇いは、小学校の二・三年生の頃から始まっていたのである。その頃すでに、どうにもならない自分があることに悩まされていたのであったが、その業といわれるものは父自身にとっても同じであったように思う。性来無口であった父が、自ら出遇った法蔵菩薩を私に伝えるための願いを託したのは、加賀出身の門徒であった。その一農婦は、母に対しても実の娘のような接し方をしていたので、身近な祖母の感じであった。

父から『阿弥陀経』の読誦の仕方を教えられて、月参りともいわれている命日の月忌に行くことになったのであるが、お参りの時、折にふれて聞かされたのが、太陽を指さしながらの「あれが親さまだよ」であった。如来さまを「親さま」と呼ぶのは、北陸筋ばかりでなく、農村の門信徒の間で行われていた習慣なのであろう。今まで気づかなかったのが不思議である。

その太陽こそ、『華厳経』の当主「毘盧遮那仏」であった。義訳して「大日」といわれることもある。しかもその土は「蓮華蔵世界」である。そこでの仏は沈黙のただ中であり、その「自内証」については菩薩たちの語るところとなっている。ゆえに、その「声なき声」の説法は、初転法輪に先立つ成道後の二七日のことと言われている。

そこで「蓮華蔵世界」に目を移すと、天親と曇鸞によって真実の報土とされていることがわかる。宗祖が「正信偈」で述べるそれである。その報土の主体が即証された真如法性身としての阿弥陀如来である。その点は既述した。しかし改めて気づかされたのは、「浄土真宗は大乗のなかの至極なり」（『末燈鈔』、聖典六〇一頁）において、祖師の示す『華厳経』は「入法界品」の善財童子の求道の歴程のことであり、いわゆる菩提心の歩みにおける諸善知識との出遇いであった。

釈迦如来の、御善知識者、一百一十人なり。『華厳経』にみえたり。

（同前、聖典六〇一頁）

である。釈尊の本生譚の大乗化になる。

しかし当時の私にとっては、夢にも考えられないことであり、何の関係もないと思っていた。ところが、そこで明らかになるのが、重々無尽の法界縁起としての帝網無尽であった。網の目の重層性である。想像を絶するかかわり方によって、アラヤ識のところにまで深まるのである。驚き以外の何ものでもないことであった。

ところで、「華厳」と同時に感を深くするのは、「法蔵菩薩」との出遇いである。月忌に行くたびにその農婦が必ず語っていたのは、『正像末和讃』の次の一句であった。

智慧の念仏うることは　　法蔵願力のなせるなり
信心の智慧なかりせば　　いかでか涅槃をさとらまし　（『正像末和讃』、聖典五〇三頁）

この「法蔵願力」こそ、曽我先生の法蔵菩薩発見に辿りつくための最初の手がかりだったのである。やっとの思いでその一端にふれることのできた今回の拙文の原点はここであったのである。「すでにして悲願います」との聖言の語るところには、計り知れない背景があったことになる。

しかもこの一農婦の歩んだ人生には、まさに地獄の真っ只中ともいえる現実があった。

その連れ合いが加賀門徒の熱心な念仏者でありながら、ひとたび酒を飲むと常軌を逸脱した乱れ方をする人だったからである。

覚めている時の彼は、自らの全財産を投げうって説教所を設立して私たちを招いてくれたことであり、しかも私たち親子五人が到着した時には説教所はまだ出来上がっていなかったので、完成までの約一ヶ月間、自宅で世話をしてくれた、典型的とも言うべき熱心な念仏者であった。

それに対して酒乱のほうでいえば、仕事のすんだ後で酒屋に寄り、その帰りに寺に寄って、父と母を前にカラムとでもいうのか、いじめ倒すのである。父は何も言わずに、ただ耐えるだけであった。母はさすがに愚痴らずにはいられなかったのであろう、「あまりに辛くて、何度夜逃げしようと思ったかわからない」とよく言っていた。今でもアリアリとその時の様子が目に浮かぶ。

そのような性癖は、身内に対しても行われていたようである。末弟が私の一級上で、よく馬小屋などで遊び戯れた仲であったので、後年彼のもらした言葉も忘れられない。「自分の母親を追いかけ回して罵る様子があまりにも恐ろしくて、馬小屋の二階の藁の中に隠れて震えていた」とのことであった。

われわれの場合は、時々立ち寄ってカラまれたというだけである。だが、その夫と生涯を共にする、あるいはまた、その親を縁として生まれざるをえなかった日々の生活は、まさに三悪道の業を自らの生活として味わうしかなかったことになる。しかし、その一農婦を支えた真実の信心は、その業を逃げる必要はないという智見での歩みを可能にしていた。現に支えてくれている、生きている法蔵菩薩に対する信頼感はゆらぐことがなかったのである。どのような業であろうとも平然と支え続けて、何の要求もすることのない願心への確信があってのことだと思われた。

九十歳過ぎまで長生きし、真実の信心の真要を有縁の人々に語り続けてくれた。その一つが私に対する「法蔵願力」についての、繰り返して止むことのない口授であった。子どもだからわからないなどと一瞬たりとも思わなかったであろう。ただひたすらな呼びかけだった。父がこの妙好人と私の出遇いに期待したのは、地獄のような苦しみにも耐えられる強烈な忍辱波羅蜜であったと思われる。それが「我行精進　忍終不悔」の法蔵菩薩の誓願であった。やっと気づかされた事実である。

それあるがゆえに、どのような苦難でも受け入れられるのであろう。だからといって、その悲惨さは目に余ることもある。われわれ凡愚には耐えられることではない。しかしその現実に真っ向から立ち向かって、その実際に対応できる力はある。それが「他力の願心」である。願力であり「仏力」である。

明治四十五年五月発行の『精神界』に発表された「他力はわが胸より湧く」の他力は、万人の助かる道を開く真実の信心にかかわりながら、自力のエゴと対決できる、如来自身の領域における活力のことであった。凡愚の感知できないところではあるが、それが生きている法蔵菩薩の感識をうながし、血の通った願力の誕生を発見したのだと思う。

そこで改めて気づかされたのは、招喚する名号の「至徳の尊号」としての積極性である。男性的・父親的なものとして「行巻」の両重因縁では「父」に譬えられていた。その意味での名号は、「コトバ」の無限性に関与しているとも言えよう。そのことによって、重々無尽の網の目の関係にまで展開していた「無限であり、創造的でもある能動力」の核心である。その力が願力・他力である。となれば、万人に期待される能動的生き方の象徴になることも可能なのではないか。インド・中国・日本、三朝にわたる東洋的精神性の象徴荘厳を現すのが「南無阿弥陀仏」であるという説もあながちわからないではない。

　つまり、ただの酒乱の親父としか見えなかったその「農夫」も、父親であり、一家の大黒柱としての責任は果たしていた。しかも、まぎれもない「念仏者」であった。彼の業を支えきった彼の法蔵菩薩は、見事にその惨憺たる業を責任として果たしていた。そして今、現に私のところへ還相廻向してくれている。その意味での能動的である創造の無限力が、男としての自覚と自負による自証によって、どうしてみようもない深い闇との対決を必要としたのであろう。どれだけ自分の力によって抑えようとしても出来なかったのは止むを得ないことであった。

　私は改めて、自分が念仏を嫌いになった理由を、その酒乱の親父のせいにして、自己の正当性だけを主張している実態に気づかされた。無意識のうちにうごめく無責任な罪業の深重さが垣間見えたのである。それを無碍光の智慧を体とする「名号の独りばたらき」による自覚と言うのではないか。「たゞ名号独りで自ら働く。名号が名号自身名号するのである。」（『如来表現』選集巻五、二一四〜二一五頁）という。これからの課題とも言えるが、尊号の卓越性には、凡愚の推測などで捉えられないところがあることは確認できた。

たとえば「南無阿弥陀仏ハ法蔵魂ゾ」（北名古屋市徳重・林證寺所蔵、藍染白抜）も「曽我語」の一つである。だが、誰でもこの語を一見してわかる標語ではない。南無阿弥陀仏は名号であり、文字で表されている。法蔵魂はこの場合、法蔵識ともいわれる深い識であって、語の義を示している。しばしば述べたところであるが、両者が一致するとは簡単に言えることではない。「魂は心理作用であり、名号は語である」と読んでしまうのが、われわれ凡愚の習性である。ゆえに、その意味がわからなくなるのである。

ただここで留意しなければならないのは、魂も語でありながら、その語を超えた義を指していることである。語でありながら語を否定しているとも言える。つまり、「無義の義」である。自己否定を含む義である。その意味を自らの矛盾において「呟いて」いるのが南無阿弥陀仏なのではなかろうか。至徳の尊号は、それ自身の否定において成り立っている如来の招喚なのだと思われた。

ゆえに地獄のただ中でこそ、如来の願心に出遇える可能性がある。その確信を群生海という衆生の感性に呼びさましたのが、法蔵菩薩の感得になる。相対有限のところに絶対無限の他力を見るのも、その感覚だったと言えよう。したがって、そこから見直すことになれば、生きている「いのち」そのものは、識の転変の道理として成り立っていることが知らされる。そのとどまることのない流れこそが、真にある現実である。つまり、現行が生命の原理となっているのである。それは血液の流れとも言えるので、触れれば温かさを感ずることになる。その感得が如来の招喚を察知したのではなかろうか。

われわれには自らがどのような業を背負って生きているのか、その自覚が求められているように思われる。その事実を気づかせて、何としても助けんとする「大悲の願心」が「生起」するからである。「仏願の生起・本末を聞きて」（『教行信証』「信巻」、聖典二四〇頁）の生起である。本願力の発起であり、性起でもある。その願力に触発されて、願生するしかない歩みが成立する。それが菩提心でもある真実の信心なのである。

如来の大悲心にどうしても背いてしまう自分がいる。その浅ましさには底知れないものがある。その闇の深さを見抜く叡智の力によって、法蔵魂が「智慧の念仏」を生み出したのである。「弥陀智願の広海」に対する「凡夫善悪の心水」（『正像末和讃』、聖典五〇三～五〇四頁）である。「真」の「宗」の根源である無碍光如来に対して、「広大恩徳謝しがたし」（『正像末和讃』、聖典五〇八頁）との感を深くする。

最後に、本書の刊行については、方丈堂出版編集長・上別府茂氏からひとかたならぬ配慮をいただいた。出版を勧めてくださったことから始まって、絶えることのない励ましがあったのである。本論を書き進める大きな支えとなった、この厚恩を忘れることはできない。甚深の謝意を表す次第である。

また、前京都光華高校教諭・三原隆応氏には、原稿のデータ化や校正について、一家を挙げてご苦労をおかけした。付記して、その厚情に対する謝念を示すことにする。

平成二十九年十一月二十八日

鍵主良敬

〈著者略歴〉

鍵主良敬（かぎぬし　りょうけい）
1933（昭和８）年北海道根室市で生まれ、39年同北見市仁頃町に転居。61年大谷大学大学院文学研究科仏教学専攻博士課程満期退学。大谷大学教授を経て、現在同名誉教授。文学博士。
主要著書は、『華厳教学序説』（文栄堂、1968年)、『要説大乗起信論』（東本願寺出版部、83年)、『法蔵（人物　中国の仏教)』（共著、大蔵出版、91年)、『華厳経管見』（東本願寺出版部、92年)、『人間開華の旅』（大谷大学、99年)、『無上涅槃の妙果』（東本願寺出版部、2006年)、『『顕浄土真仏土文類』窃以』（同、08年）ほか論文など多数。


近代《きんだい》真宗《しんしゅう》 教学《きょうがく》往生論《おうじょうろん》の真髄《しんずい》

二〇一八年五月一〇日　初版第一刷発行

著　者　鍵主良敬
発行者　光本　稔
発　行　株式会社　方丈堂出版
京都市伏見区日野不動講町三八—二五
郵便番号　六〇一—一四二二
電話　〇七五—五七二—七五〇八
発　売　株式会社　オクターブ
京都市左京区一乗寺松原町三一—二
郵便番号　六〇六—八一五六
電話　〇七五—七〇八—七一六八

印刷・製本　亜細亜印刷株式会社



ISBN978-4-89231-175-8